101 पंचतंत्र कहानियाँ

विषय-सूची

बंदर और छोटी चिड़िया

बहती नदी के पास एक ऊँचा आम का पेड़ था। कई पक्षियों ने उसकी डालियों पर अपना घोंसला बना लिया था। उनमें एक छोटी–सी चिड़िया भी थी, जिसने अपना घोंसला बनाने के लिए बहुत मेहनत की थी। उसने पतली टहनियाँ, सूखे पत्ते और मुलायम पंख जमा किए। जब यह बन गया, तो उसे अपने आरामदायक छोटे से घर पर गर्व और खुशी महसूस हुई।

एक दिन, आसमान में काले बादल छा गए और तेज बारिश होने लगी। पक्षी और जानवर जल्दी से भींगने से बचने के लिए अपने घरों में चले गए। जब बारिश शुरू हुई तो एक बंदर पेड़ के पास खेल रहा था। उसका अपना कोई घर नहीं था। इसलिए वह आम के पेड़ के नीचे बैठ गया, लेकिन भीगने और ठंड की वजह से काँप रहा था।

छोटी चिड़िया ने उसे देखा और कहा, "तुमने बारिश के मौसम से पहले घर क्यों नहीं बनाया?"

बंदर ने मुँह बनाया और जवाब दिया, "बकवास बंद करो, छोटी चिड़िया!" लेकिन चिड़िया नहीं रुकी। उसने आगे कहा, "अगर तुमने पहले काम किया होता, तो तुम्हें अभी इतनी तकलीफ नहीं होती। बंदर बहुत आलसी होते हैं।" यह सुनकर बंदर को बहुत गुस्सा आया। गुस्से में उसने डाल को जोर से हिलाया। छोटी चिड़िया का घोंसला टूटकर जमीन पर गिर गया। छोटी चिड़िया ने अपने टूटे हुए घोंसले को देखा और बहुत दुखी हुई।

नैतिक शिक्षाः मूर्ख को उपदेश नहीं देना चाहिए।

शेर, बैल और सियार

एक दिन, एक गांव वाला अपनी बैलगाड़ी से जंगल से गुजर रहा था। ऊबड़–खाबड़ रास्ते पर, एक बैल फिसलकर एक गहरे गड्ढे में गिर गया। गांव वाले ने उसे बाहर निकालने की कोशिश की, लेकिन नाकाम रहा, इसलिए वह दुखी होकर बैल को छोड़कर चला गया।

कुछ देर बाद, बैल खुद ही बाहर निकलने में कामयाब हो गया। वह पास की एक नदी पर गया, पानी पीया, ताजी घास खाई, और जल्द ही फिर से स्वस्थ हो गया। जब उसे बेहतर महसूस हुआ, तो वह जोर–जोर से चिल्लाने लगा। उसकी आवाज जंगल में शेर की दहाड़ की तरह गूंज रही थी।

एक दिन, शेर राजा ने तेज आवाज सुनी और परेशान हो गया। उसका मंत्री सियार यह देखने गया कि यह कौन है? उसने पाया कि यह सिर्फ एक बैल था और उसने शेर को बताया।

शेर बैल से मिला और जल्द ही वे अच्छे दोस्त बन गए। इस दोस्ती की वजह से शेर ने दूसरे जानवरों का शिकार करना भी बंद कर दिया।

लेकिन ईर्ष्या रखने वाले सियार को यह पसंद नहीं आया। उसने चुपके से शेर से कहा कि बैल उस पर हमला करना चाहता है, और बैल से कहा कि शेर उसे मारना चाहता है। झूठ पर यकीन करके बैल गुस्से में शेर की गुफा की तरफ चला गया।

शेर को लगा कि बैल लड़ने आया है और उसने उस पर हमला कर दिया। एक भयंकर लड़ाई के बाद, शेर ने बैल को मार डाला। इस तरह, सियार की चाल ने उनकी दोस्ती तोड़ दी।

नैतिक शिक्षाः ईर्ष्या और झूठ, सच्ची दोस्ती को खत्म कर देती हैं।

3 खरगोश और कछुए की दौड़

एक छोटी पहाड़ी के पास एक फुर्तीला और चुस्त खरगोश रहता था। थोड़ी दूर पर एक कछुआ रहता था जो बहुत धीरे चलता था। खरगोश अक्सर कछुए पर हंसता था और उसे इतना धीमा होने के लिए चिढ़ाता था। इससे कछुआ दुखी और परेशान हो जाता था।

एक दिन, कछुए ने हिम्मत करके कहा, "चलो एक दौड़ लगाते हैं और देखते हैं कि पहाड़ी के दूसरी तरफ सबसे पहले कौन पहुंचता है?" खरगोश जोर से हंसा लेकिन मान गया। "ठीक है! हम कल दौड़ करेंगे," उसने कहा। अगले दिन, दौड़ शुरू हुई। खरगोश बहुत तेजी से आगे भागा, कछुए को बहुत पीछे छोड़ दिया। कछुआ धीरे–धीरे आगे बढ़ा।

थोड़ी देर दौड़ने के बाद, खरगोश ने पीछे मुड़कर देखा तो कछुआ बहुत दूर था। बहुत आत्मविश्वास के साथ, उसने कहा, "मेरे पास बहुत समय है। मैं थोड़ा आराम करूंगा।"

वह एक पेड़ के नीचे लेट गया और जल्द ही सो गया। इस बीच, कछुआ बिना रुके लगातार चलता रहा।

कदम–दर–कदम, वह अन्तिम गन्तव्य स्थान की ओर बढ़ता रहा। कुछ देर बाद खरगोश उठा और जितनी तेजी से हो सकता था, दौड़ने लगा। लेकिन जब वह गन्तव्य स्थान पर पहुँचा, तो उसने देखा कि कछुआ पहले ही आ चुका था और दौड़ जीत चुका था। खरगोश को बहुत शर्मिंदगी महसूस हुई। कछुए ने दिखा दिया था कि सब्र और लगातार कोशिश से ही कामयाबी मिलती है।

***नैतिक शिक्षाः** सब्र और लगातार कोशिश से कामयाबी मिलती है।*

4 वफादार कुत्ता

एक छोटे से गाँव में एक आदमी रहता था। एक दिन, वह अपने घर के बाहर एक चारपाई पर आराम कर रहा था। उसका वफादार कुत्ता उसके पास चुपचाप आराम कर रहा था।

अचानक, दरवाजे पर दस्तक हुई। वह डाकिया था, जिसने उस आदमी को एक चिट्ठी दी।

चिट्ठी पढ़ने के बाद, उस आदमी ने अपने कुत्ते से कहा, "हमें जल्द ही एक लंबी यात्रा पर निकलना होगा।"

वह अपनी जरूरत की सभी चीजें पैक करने लगा क्योंकि उसे कई दिनों के लिए बाहर जाना था। उसने ध्यान से अपने कपड़े और दूसरा जरूरी सामान पैक किया।

जब उसने काम खत्म किया, तो उसे थकान महसूस हुई और वह आराम करने के लिए बैठ गया। तभी, उसने देखा कि उसका कुत्ता पास में शांति से बैठा है।

वह आदमी नाराज हो गया और बोला, "तुम अभी भी वहाँ क्यों बैठे हो? जाओ और तैयार हो जाओ! मैंने पहले ही पैकिंग पूरी कर ली है।"

कुत्ते ने शांति से उसे देखा और जवाब दिया, "मालिक, मेरे पास पैक करने के लिए कुछ नहीं है। मैं तो पहले से ही तैयार था, बस आपका इंतजार कर रहा था।"

***नैतिक शिक्षाः** एक सच्चा दोस्त हमेशा मदद के लिए तैयार रहता है।*

5 कौआ और घड़ा

एक बहुत गर्म दिन था। एक कौवे को बहुत प्यास लगी। वह पानी की तलाश में आसमान में उड़ता रहा, लेकिन उसे पानी नहीं मिला– वह थक गया और एक बड़े बरगद के पेड़ की डाल पर आराम करने लगा।

कुछ देर बाद, उसने पेड़ के पास एक मिट्टी का घड़ा देखा। कौवा जल्दी से उसे देखने के लिए नीचे उतरा। उसने अंदर देखा और नीचे थोड़ा–सा पानी देखा। उसे यह देखकर खुशी हुई। कौवे ने पानी पीने की कोशिश की, लेकिन वह बहुत नीचे था। उसकी चोंच उस तक नहीं पहुँच पा रही थी। उसने हार नहीं मानी। उसने ध्यान से इधर–उधर देखा और जमीन पर कई छोटे–छोटे पत्थर पड़े देखे। उसके दिमाग में एक विचार आया।

कौवे ने एक–एक करके पत्थर उठाए और उन्हें घड़े में डाल दिया। हर पत्थर के साथ, पानी धीरे–धीरे ऊपर उठता गया। कुछ देर बाद, पानी ऊपर आ गया।

कौवे ने खुशी–खुशी पानी पीया और अपनी प्यास बुझाई। फिर, वह स्वस्थ महसूस करते हुए उड़ गया।

नैतिक शिक्षाः *जहाँ चाह होती है, वहीं राह निकल आती है।*

6 बन्दर और बिल्लियाँ

एक दिन, एक घर के बाहर रोटी का एक टुकड़ा पड़ा था। एक बिल्ली ने उसे देखा और जल्दी से उसे पकड़ने के लिए दौड़ी। उसी समय, एक और बिल्ली दौड़ती हुई आई और रोटी पर अपना पंजा रख दिया। पहली बिल्ली ने कहा, "मैंने यह रोटी तुमसे पहले देखी थी। यह मेरी है!" दूसरी बिल्ली ने जवाब दिया,–"यह सच नहीं है।

मैंने इसे पहले देखा, इसलिए मुझे इसे खाना चाहिए!" जल्द ही, दोनों बिल्लियाँ आपस में बहस करने लगीं और वे रोटी के लिए लड़ने लगीं। पास के एक पेड़ पर बैठा एक बंदर सब कुछ देख रहा था।

वह नीचे आया और बोला, "तुम दोनों क्यों लड़ रहे हो? मैं तुम्हारी मदद करूँगा। मैं रोटी को बराबर बाँट दूँगा।"

बिल्लियों ने उस पर भरोसा किया और उसे रोटी दे दी। बंदर ने रोटी को दो हिस्सों में तोड़ दिया। लेकिन एक हिस्सा दूसरे से थोड़ा बड़ा था। "अरे बाप रे," बंदर ने कहा। "यह टुकड़ा बड़ा है। मैं इसे बराबर करने के लिए थोड़ा–सा काट लूँगा।" उसने बड़े टुकड़े से एक टुकड़ा लिया। अब, उसे दूसरा टुकड़ा बड़ा लग रहा था, तो उसने उससे भी एक टुकड़ा काट लिया।

वह बार–बार ऐसा करता रहा। कुछ देर बाद, सिर्फ छोटे–छोटे टुकड़े बचे थे। बंदर ने आखिरी निवाला खाया और कहा, "अब, दोनों टुकड़े बराबर हैं, लेकिन कुछ भी नहीं बचा था!" बेचारी बिल्लियों को अपनी गलती समझ में आ गई क्योंकि वे लड़ पड़ीं, उनकी रोटी चली गई और वे भूखी ही वापस लौट गयीं।

नैतिक शिक्षाः *जब दो लोग लड़ते हैं, तो तीसरा उसका फायदा उठाता है।*

भेड़िया और कुत्ता

एक समय की बात है, एक बहुत भूखा भेड़िया था। उसने कई दिनों से कुछ नहीं खाया था और उसका शरीर पतला और कमजोर हो गया था। एक दिन, वह जंगल से निकलकर पास के एक शहर की ओर चल पड़ा, इस उम्मीद में कि उसे कुछ खाने को मिल जाएगा। जल्द ही, वह एक बड़े घर के पास पहुँचा। "शायद मुझे यहाँ खाना मिल जाए",–उसने सोचा।

जब उसने बगीचे में चारों ओर देखा, तो उसे एक बड़ा कुत्ता दिखा। कुत्ता उस पर जोर से भौंका। भेड़िये ने देखा कि कुत्ता मजबूत, स्वस्थ और भरा–पूरा दिख रहा था। "तुम स्वस्थ और खुश दिख रहे हो," भेड़िये ने कहा। "तुम्हें इतना खाना कैसे मिल जाता है?" कुत्ते ने गर्व से जवाब दिया, "मैं यहीं रहता हूँ। मेरा मालिक मुझे हर दिन स्वादिष्ट भोजन देता है। मैं कभी भूखा नहीं रहता।" भेड़िये को उम्मीद हुई। "मैं भी यहाँ रहना चाहूँगा," उसने कहा। "मैं इतना पतला हूँ क्योंकि मेरे पास खाना नहीं है।"

जब वे बात कर रहे थे, तो भेड़िये ने कुत्ते के गले में एक मोटी चेन देखी। "तुम्हारे गले में यह क्या है?"–उसने उत्सुकता से पूछा। कुत्ते ने जवाब दिया, "ओह, यह तो बस एक चेन है। मेरे मालिक ने मुझे बांध दिया है, इसलिए मैं आजादी से नहीं घूम सकता।" भेड़िया पीछे हटा और एक पल सोचा। फिर उसने कहा, "नहीं, शुक्रिया। मैं यहाँ पेट भरकर बंधा रहने के बजाय जंगल में भूखा और आजाद रहना ज्यादा पसंद करूँगा।" और यह कहकर, भेड़िया मुड़ा और आजादी से अपनी जिंदगी जीने में खुश होकर वापस जंगल में भाग गया।

नैतिक शिक्षा: गुलामी की अच्छी जिन्दगी से आजादी की जिन्दगी बेहतर हैं।

चूहे और कबूतर

एक बार की बात है, कबूतरों का एक झुंड आसमान में कुछ भोजन की तलाश में उड़ रहा था। वे बहुत देर से भोजन ढूंढ रहे थे, तभी उन्होंने एक बड़े बरगद के पेड़ के नीचे जमीन पर बिखरे कुछ चावल के दाने देखे। खुश होकर, कबूतर तेजी से नीचे आये और दानों को चुगने लगे।

लेकिन अचानक–झप! एक शिकारी का जाल उनके ऊपर आ गिरा। बेचारे कबूतर फंस गए। उन्होंने अपने पंख फड़फड़ाए और बहुत डर गए। सबको परेशान देखकर, कबूतर के राजा ने कहा, "घबराओ मत। अगर हम सब मिलकर काम करें और एक ही समय पर उड़ें, तो हम इस जाल को लेकर उड़ सकते हैं।"

कबूतरों ने अपने राजा पर भरोसा किया। उन्होंने पूरी ताकत से अपने पंख फड़फड़ाए। धीरे–धीरे, जाल जमीन से उठ गया, और वे जाल को अपने साथ लेकर आसमान में उड़ गए।

शिकारी नीचे खड़ा हैरान और बेबस होकर उन्हें उड़ते हुए देख रहा था। थोड़ी देर उड़ने के बाद, कबूतर के राजा ने कहा, "हम अपने दोस्त, चूहे से मिलने जाएँगे। वह समझदार और दयालु है। वह हमारी मदद करेगा।" जल्द ही वे चूहे के घर पहुँच गए। चूहे ने उनकी समस्या ध्यान से सुनी। बिना समय बर्बाद किए, उसने और उसके दोस्तों ने अपने तेज दांतों से जाल की रस्सियों को काटना शुरू कर दिया। थोड़ी ही देर में, जाल कट गया।

कबूतर फिर से आजाद हो गए! उन्होंने चूहों को उनकी मदद के लिए दिल से धन्यवाद दिया और खुश और सुरक्षित वापस आसमान में उड़ गए।

नैतिक शिक्षा: मिलकर काम करने से कठिन कार्य भी संभव हो जाता है।

9 शेर और चार ब्राह्मण

एक बार, चार ब्राह्मण दोस्तों ने एक गुरुकुल में अपनी पढ़ाई पूरी की। वे खुश थे और साथ में घर वापस जाने लगे। जब वे जंगल से गुजर रहे थे, तो उन्होंने जमीन पर हड्डियों का ढेर देखा।

उनमें से एक ने कहा, "चलो अपने ज्ञान का इस्तेमाल करके देखते हैं कि हम क्या कर सकते हैं।" पहले ब्राह्मण ने अपने ज्ञान का इस्तेमाल किया। हड्डियाँ आपस में जुड़कर एक बड़ा कंकाल बन गया। दूसरे ब्राह्मण ने अपनी कौशल का इस्तेमाल किया। कंकाल पर मांस और चमड़ी उग आई, और वह शेर का शरीर बन गया।

तीसरे ब्राह्मण ने गर्व से कहा, "शेर अभी जिंदा नहीं है। मैं उसे जिंदा कर दूँगा।" चौथा ब्राह्मण परेशान हो गया। उसने कहा, "कृपया रुक जाओ! अगर तुम शेर को जिंदा कर दोगे, तो वह हम पर हमला कर देगा।" लेकिन तीसरे ब्राह्मण ने नहीं सुना। वह अपने दोस्त के डर पर हँसा। चौथा ब्राह्मण खुद को बचाने के लिए जल्दी से पास के एक पेड़ पर चढ़ गया। तीसरे ब्राह्मण ने अपने ज्ञान का इस्तेमाल किया और शेर को जिंदा कर दिया। शेर जोर से दहाड़ा। वह बहुत भूखा था। उसने तीनों ब्राह्मणों पर हमला किया और उन्हें मार डाला। केवल चौथा ब्राह्मण ही बचा क्योंकि उसने सीख के साथ समझदारी का भी इस्तेमाल किया था।

नैतिक शिक्षाः *ज्ञान से ज्यादा समझदारी जरूरी है।*

10 शेर और चूहा

एक दिन, जंगल में एक बड़े पेड़ के नीचे एक बड़ा शेर सो रहा था। पास में ही एक छोटा चूहा खुशी–खुशी खेल रहा था। दौड़ते–खेलते, चूहा गलती से शेर के शरीर पर चढ़ गया।

शेर अचानक उठा और उसने छोटे चूहे को अपने बड़े पंजे में पकड़ लिया। चूहा बहुत डर गया। उसने कहा, "मुझे माफ कर दो और मुझे जाने दो। एक दिन, मैं तुम्हारी मदद करूँगा।"

यह सुनकर शेर हँसा। उसे लगा कि एक छोटा चूहा कभी भी एक मजबूत शेर की मदद नहीं कर सकता है। लेकिन शेर को दया आ गई और उसने चूहे को जाने देने का फैसला किया।

कुछ दिनों बाद, शेर जंगल में घूम रहा था, तब वह एक शिकारी के जाल में फँस गया। शेर ने जाल तोड़ने की बहुत कोशिश की, लेकिन जाल बहुत मजबूत थीं। वह मदद के लिए जोर से दहाड़ा।

छोटे चूहे ने शेर की दहाड़ सुनी और तेजी से उसके पास गया। जब उसने शेर को फँसा हुआ देखा, तो उसने अपने तेज दाँतों से जाल की रस्सियों को काटना शुरू कर दिया। जल्द ही रस्सियाँ कट गईं, और शेर आजाद हो गया। शेर ने चूहे को धन्यवाद दिया और कहा, "एक बार मैं तुम पर हँसा था, लेकिन आज तुमने मेरी जान बचाई। एक छोटा दोस्त भी बहुत मददगार हो सकता है।"

नैतिक शिक्षाः *मुसीबत में छोटा व्यक्ति भी मददगार हो सकता है।*

11 वफादार नेवला

एक छोटे से गाँव में एक ब्राह्मण अपनी पत्नी और अपने छोटे बच्चे के साथ रहता था। वे अपने बच्चे से बहुत प्यार करते थे। एक दिन, ब्राह्मण घर में एक छोटा सा नेवला लाया। उसने अपनी पत्नी से कहा, "चलो इस नेवले को अपने बच्चे की तरह पालते हैं। यह बड़ा होकर हमारे बेटे का दोस्त और रक्षक बनेगा।"

पत्नी नेवले की बहुत प्यार से देखभाल की। नेवला भी परिवार से प्यार करता था और बच्चे के पास रहता था। एक दोपहर, ब्राह्मण और उसकी पत्नी अपने बच्चे को पालने में सोता हुआ छोड़कर मंदिर गए। नेवला उसकी देखभाल करने के लिए घर पर ही रहा।

जब घर शांत था, तो एक साँप चुपचाप अंदर घुस गया और बच्चे की ओर बढ़ा। खतरा देखकर, बहादुर नेवला आगे कूद गया। उसने साँप से जमकर लड़ाई की और आखिर में उसे मार डाला, जिससे बच्चा बच गया। कुछ देर बाद, ब्राह्मण की पत्नी वापस आई। दरवाजे पर, उसने नेवले को खून से सना हुआ देखा। उसका दिल डर से भर गया। उसे लगा कि नेवले ने उसके बच्चे को नुकसान पहुँचाया है। अंदर देखे बिना, वह गुस्से में आ गई और नेवले पर एक भारी डिब्बे से वार किया। बेचारा नेवला वहीं मर गया।

बच्चे के कमरे में भागकर गई, तो उसने देखा कि उसका बच्चा सुरक्षित सो रहा है। पास में मरा हुआ साँप पड़ा था। माँ को सच्चाई का एहसास हुआ। नेवले ने उसके बच्चे की रक्षा की थी। उसे अपनी गलती पर बहुत दुख हुआ, लेकिन बहुत देर हो चुकी थी।

नैतिक शिक्षाः *कोई भी फैसला लेने से पहले हमेशा सच जान लेना चाहिए।*

12 फूलवाला और हाथी

एक छोटे से गाँव में एक शांत स्वभाव का हाथी रहता था। सभी गाँव वाले उससे बहुत प्यार करते थे। हर दिन, हाथी मंदिर जाता था। रास्ते में, वह हमेशा एक फूल की दुकान पर रुकता था। फूलवाला भी खुशी–खुशी उसकी सूंड में एक सुंदर माला डाल देता था। फिर हाथी माला मंदिर ले जाता था और मूर्ति को चढ़ा देता था।

जब लोगों ने उसे इतनी शांति से प्रार्थना करते देखा तो वे खुशी से मुस्कुराए। लेकिन एक दिन, फूलवाला परेशान और नाराज महसूस कर रहा था। जब हाथी हमेशा की तरह आया, तो फूलवाले ने उसे माला नहीं दी। इसके बजाय, उसने हाथी की सूंड में एक तेज सुई चुभा दी। हाथी को चोट लगी और वह घबरा गया। उसने कुछ भी गलत नहीं किया था, फिर भी फूलवाले ने उसके साथ बुरा बर्ताव किया।

हाथी चुपचाप, पास के एक तालाब में गया और अपनी सूंड में गंदा पानी भर लिया। फिर, वह फूल की दुकान पर वापस आया और गंदा पानी फूलवाले और उसके ताजे फूलों पर छिड़क दिया।

फूलवाला हैरान और शर्मिंदा होकर वहीं खड़ा रहा। उसे एहसास हुआ कि उसने हाथी के साथ बुरा बर्ताव किया है और अब उसे अपने किए का नतीजा भुगतना पड़ा।

नैतिक शिक्षाः *बुरे काम का अंजाम भी बुरा होता है।*

13 लोमड़ी और अंगूर

एक सुबह, एक भूखी लोमड़ी खेत में कुछ भोजन की तलाश में घूम रही थी। वह बहुत देर तक चलती रही लेकिन उसे कोई खाना नहीं मिला।

आखिरकार, वह एक अंगूर के बाग में पहुँची। वहाँ, उसने ताजे, रसीले अंगूरों के कई गुच्छे ऊँची बेलों से लटके हुए देखे। लोमड़ी के मुँह में पानी आ गया। "ये अंगूर बहुत स्वादिष्ट लग रहे हैं," उसने सोचा।

"मुझे इन्हें खाना चाहिए।"

वह अंगूर पकड़ने के लिए उछली, लेकिन वे बहुत ऊँचे थे। उसने फिर कोशिश की, जितना ऊँचा कूद सकती थी, कूदी। फिर भी, वह उन तक नहीं पहुँच सकी।

वह बार–बार कूदती रही, लेकिन हर बार वह नाकाम रही। जल्द ही, वह थक गई और उसकी साँस फूलने लगी।

परेशान और चिढ़कर, लोमड़ी ने कहा, "ये अंगूर शायद वैसे भी खट्टे हैं। मुझे ये नहीं चाहिए।" फिर, वह मुड़ी और चली गई।

नैतिक शिक्षाः असफलता के लिए बहाने मत बनाओ।

14 शेर और शिकारी

एक दिन, एक शिकारी अपने धनुष और बाण के साथ जंगल में घुसा। वह अपने सटीक निशाने के लिए जाना जाता था, और सभी जानवर उससे डरते थे। जब भी वे उसे देखते, तो जल्दी से भागकर छिप जाते थे।

लेकिन उस दिन, एक शेर को अपनी ताकत पर घमंड हो गया। उसने तय किया कि वह दूसरों की तरह नहीं भागेगा। इसके बजाय, वह शिकारी के रास्ते में मजबूती से खड़ा हो गया।

शिकारी ने उसे देखा और कहा, तुम वहाँ क्यों खड़े हो? क्या तुम्हें अपनी जान की चिंता नहीं है?" शेर ने हिम्मत से जवाब दिया, "मैं तुमसे नहीं डरता।" शिकारी शांति से मुस्कुराया और कहा, "बहुत अच्छा। मेरा संदेश वाहक पहले तुमसे बात करेगा।" फिर उसने सीधे शेर पर बाण चलाया। बाण उसे जोर से लगा, जिससे उसे बहुत दर्द हुआ।

शेर जोर से दहाड़ा और बचने के लिए जंगल में अंदर भाग गया। रास्ते में, एक सियार ने उसे देखा और पूछा, "तुम क्यों भाग रहे हो? तुम जंगल के राजा हो!"

शेर ने जवाब दिया, "अगर शिकारी का संदेश वाहक उसका बाण मुझे इतना नुकसान पहुँचा सकता है, तो सोचो शिकारी खुद कितना खतरनाक होगा। किसी ऐसे व्यक्ति के पास जाना मूर्खता है जो सचमुच खतरनाक है।

नैतिक शिक्षाः बुद्धिमानी बहादुरी से बेहतर है।

15 नदी और लड़का

एक गाँव में एक छोटा लड़का रहता था और उसे तैरना बहुत पसंद था। वह लगभग हर दिन अपनी माँ के साथ नदी पर जाता था। जब वह पानी में तैरता था, तो उसकी माँ पास ही किनारे पर बैठकर उसे ध्यान से देखती थी।

एक दिन, लड़का अकेले ही नदी पर गया। वह कूद गया और खुशी–खुशी तैरने लगा। उसे इतना मजा आ रहा था कि उसे पता ही नहीं चला कि वह कितनी दूर चला गया है।

कुछ देर बाद, पानी बहुत तेजी से बहने लगा। तेज बहाव उसे अपनी ओर खींच ले गया, और वह वापस तैर नहीं सका। डरकर, लड़के ने नदी के किनारे एक आदमी को खड़ा देखा और मदद के लिए जोर से चिल्लाया।

उस आदमी ने कहा, "तुम अकेले तैरने के लिए बहुत छोटे हो। तुम पानी में इतनी दूर क्यों आए? अगली बार तुम्हें ज्यादा सावधान रहना होगा।"

लड़का गुस्से से चिल्लाया, "कृपया पहले मुझे बचाओ! अगर तुम मेरी मदद करने के बजाय सलाह देते रहे, तो मैं डूब जाऊँगा!" यह सुनकर, आदमी को एहसास हुआ कि स्थिति कितनी गंभीर है।

नैतिक शिक्षाः पहले मदद करें फिर सलाह दें।

16 लकड़हारा और कुल्हाड़ी

एक दोपहर, एक लकड़हारा नदी के किनारे लकड़ी काट रहा था। काम करते समय, उसकी कुल्हाड़ी उसके हाथ से फिसलकर सीधे पानी में गिर गई। बेचारा आदमी बहुत परेशान हो गया। यह उसकी इकलौती कुल्हाड़ी थी, और उसके पास नई खरीदने के लिए पैसे नहीं थे। वह नदी के किनारे बैठकर रोने लगा।

उसकी सिसकियाँ सुनकर, नदी देवी उसके सामने प्रकट हुईं। उन्होंने प्यार से पूछा, "तुम इतने दुखी क्यों हो?" लकड़ी काटने वाले ने बताया कि उसकी कुल्हाड़ी नदी में गिर गई है और उसके पास काम करने के लिए कुछ नहीं बचा है। देवी पानी में नीचे गईं और जल्द ही एक चमकदार सोने की कुल्हाड़ी लेकर वापस आईं। "क्या यह तुम्हारी कुल्हाड़ी है?" उन्होंने पूछा। लकड़हारे ने अपना सिर हिलाया। "नहीं, यह मेरी नहीं है।"

फिर वह एक चाँदी की कुल्हाड़ी ले आईं। "क्या यह तुम्हारी है?" उन्होंने फिर पूछा। लकड़हारे ने जवाब दिया, "नहीं, यह भी मेरी नहीं है।"

आखिर में, वह एक लोहे की कुल्हाड़ी लेकर वापस आईं। जैसे ही लकड़हारे ने उसे देखा, वह मुस्कुराया और बोला, "हाँ, माँ, यह मेरी कुल्हाड़ी है।" देवी उसकी ईमानदारी से खुश हुईं। उन्होंने कहा, "तुमने सच कहा, जबकि तुम इससे ज्यादा कीमती चीज ले सकते थे। इनाम के तौर पर, तुम तीनों कुल्हाड़ियाँ रख सकते हो।" लकड़हारे ने खुशी–खुशी उन्हें धन्यवाद दिया और अपना इनाम लेकर घर चला गया।

नैतिक शिक्षाः ईमानदारी का परिणाम सुखद होता है।

17 गधा और व्यापारी

एक गाँव में एक व्यापारी के पास एक गधा था। वह रोज गधे की पीठ पर नमक के बोरे लादकर बाजार जाता था। रास्ते में उन्हें हमेशा एक छोटी–सी नदी पार करनी पड़ती थी।

एक दिन, नमक ले जाते समय गधा फिसलकर पानी में गिर गया। उस व्यापारी ने उसे उठने और चलने में मदद की। लेकिन गधे ने एक अजीब बात देखी कि ज्यादातर नमक पानी में घुल गया था, इसलिए बोझ बहुत हल्का हो गया था। गधा खुश हुआ। अगले दिन से, वह जानबूझकर नदी में गिरने लगा। हर बार, नमक पिघल जाता, और उसका बोझ हल्का हो जाता। वह बार–बार ऐसा करता रहा।

व्यापारी को जल्द ही समझ आ गया कि गधा क्या कर रहा है। उसने उसे सबक सिखाने का फैसला किया। अगले दिन, नमक की जगह, उस व्यापारी ने बोरे में रुई भर दी।

जब वे नदी पर पहुँचे, तो गधा फिर से पानी में गिर गया, ठीक पहले की तरह। उस आदमी ने उसे उठने में मदद की। लेकिन इस बार, रुई ने सारा पानी सोख लिया और बहुत भारी हो गया। गधा भारी बोझ के नीचे मुश्किल से हिल पा रहा था।

नैतिक शिक्षाः दूसरों को धोखा देने की कोशिश नहीं करनी चाहिए।

18 लोमड़ी और शिकारी

एक बार दो शिकारी जानवरों की तलाश में जंगल में बहुत अंदर चले गए। जल्द ही, उन्हें एक लोमड़ी दिखी और वे उसका पीछा करने लगे।

लोमड़ी जितनी तेजी से भाग सकती थी, भागी और आखिरकार उनसे बच निकली। वह जल्दी से पास के एक लकड़हारे के घर गई और विनती की, "कृपया मुझे छिपा दो! शिकारी मेरे पीछे पड़े हैं, और मुझे एक सुरक्षित जगह चाहिए।"

दयालु लकड़हारे ने अपनी छोटी–सी झोपड़ी की ओर इशारा किया। लोमड़ी जल्दी से अंदर घुस गई और छिप गई। थोड़ी देर बाद, शिकारी आए और लकड़हारे से पूछा, "क्या तुमने किसी लोमड़ी को इस तरफ भागते देखा?"

लकड़हारे ने जवाब दिया, "नहीं, मैंने कोई लोमड़ी नहीं देखी।" लेकिन साथ ही, उसने चुपके से अपनी झोपड़ी की ओर उंगली उठाई।

शिकारियों ने उसका इशारा नहीं देखा और जल्द ही चले गए। बाद में, लोमड़ी झोपड़ी से बाहर निकली और जाने लगी।

लकड़हारे ने उसे पीछे से पुकारा, "तुमने धन्यवाद भी नहीं कहा!" लोमड़ी रुकी और जवाब दिया, "अगर तुमने जो किया वह तुम्हारी कही बात से मिलता–जुलता होता तो मैं तुम्हें धन्यवाद देती।" उसके बाद वह जंगल में भाग गयी।

नैतिक शिक्षाः कथनी और करनी में समानता होनी चाहिए।

19 मोर और चालाक लोमड़ी

एक दोपहर, एक लोमड़ी भोजन के लिए जंगल में घूम रही थी। वह काफी देर से घूम रही थी। जब उसने एक सुंदर मोर को एक ऊंचे पेड़ की डाल पर बैठे देखा। लोमड़ी के मुंह में पानी आ गया।

"काश मैं उस मोर को पकड़ पाती," उसने सोचा। "लेकिन मैं पेड़ों पर नहीं चढ़ सकती।" लोमड़ी चालाक थी और उसने जल्दी से एक योजना बनायी। मोर की तरफ देखते हुए, उसने दोस्ताना आवाज में कहा, "हेलो, मोर! क्या तुमने खबर नहीं सुनी? आज, सभी जानवरों की एक बड़ी सभा हुई। उन्होंने तय किया कि अब से कोई भी जानवर या पक्षी किसी दूसरे को नुकसान नहीं पहुंचाएगा।" मोर ने उसे शांति से देखा और मुस्कुराया। "ओह, सच में?"–उसने जवाब दिया। "तो क्या इसका मतलब है कि अब शेर, बाघ और तेंदुए घास खाना शुरू कर देंगे?"

लोमड़ी को थोड़ा अजीब लगा लेकिन उसने कहा, "हाँ, हाँ! अब हम सब दोस्त हैं। तुम नीचे क्यों नहीं आते ताकि हम ठीक से बात कर सकें?"

मोर ने दूर देखा और कहा, "अच्छा लग रहा है। मुझे तुम्हारे कुछ दोस्त भी इधर आते दिख रहे हैं।" लोमड़ी ने जल्दी से पूछा, "दोस्त? वे कौन हैं?" "शिकारी कुत्ते," मोर ने जवाब दिया। जैसे ही लोमड़ी ने "शिकारी कुत्ते" शब्द सुना, वह डर गई और पीछे हट गई। मोर ने उसे मजाक में याद दिलाया, "लेकिन तुमने तो कहा था कि अब सभी जानवर और पक्षी दोस्त हैं!" लोमड़ी ने घबराकर जवाब दिया, "शायद शिकारी कुत्ते ने अभी तक सभा के बारे में नहीं सुना है!" और यह कहकर, वह जितनी तेजी से हो सका जंगल में भाग गयी।

नैतिक शिक्षाः *हर मीठी बात पर विश्वास मत करो।*

20 केकड़ा और सारस

बहुत पहले की बात है, एक बूढ़ा सारस मछलियों से भरे तालाब के पास रहता था। जैसे–जैसे वह बड़ा होता गया, उसके लिए जल्दी से मछलियाँ पकड़ना मुश्किल हो गया। वह कमजोर हो गया था और अक्सर भूखा रहता था।

एक दिन, उसे एक विचार आया। वह पानी के पास उदास खड़ा होकर रोने लगा। उसने जोर से कहा, "यह तालाब जल्द ही सूख जाएगा।"

"जब पानी खत्म हो जाएगा, तो तुम सब मर जाओगे। मैं यहाँ से दूर किसी नदी में जाने का योजना बना रहा हूँ।" पास में एक केकड़े ने उसकी बातें सुनीं और मछलियों को यह खबर बताई। मछलियाँ डर गईं और उन्हें समझ नहीं आ रहा था कि क्या करें।

उनका डर देखकर, सारस ने दया का नाटक किया। उसने कहा, "डरो मत।" "मैं तुम्हारी मदद करूँगा। हर दिन, मैं तुममें से एक को एक बड़ी नदी में ले जाऊँगा जहाँ बहुत पानी हो।" मछली ने उस पर यकीन कर लिया। अगले दिन, सारस ने अपनी चोंच में एक मछली उठा ली। लेकिन नदी में उड़ने के बजाय, वह पास की एक पथरीली जगह पर चला गया। वहाँ, उसने मछली को एक पत्थर पर गिरा दिया और उसे खा गया।

हर दिन, वह यही करता रहा, चुपके से अपने खाने का मजा लेता रहा। आखिर में, केकड़े की बारी आई। सारस ने केकड़े को उठाया और उड़ने लगा। जब वे चट्टानों के ऊपर से गुजरे, तो केकड़े ने देखा कि वहाँ बहुत सारी मछलियों की हड्डियाँ पड़ी हैं। उसे तुरंत सच समझ आ गया। सारस झूठ बोल रहा था!

बहादुर केकड़े ने जल्दी से अपने मजबूत पंजों से सारस की गर्दन पकड़ ली और कसकर दबा दिया। सारस नीचे गिर गया और मर गया। केकड़ा सुरक्षित तालाब में लौट आया और दूसरी मछलियों को सब कुछ बता दिया। वे शुक्रगुजार थीं कि केकड़े ने उन्हें खतरे से बचा लिया था।

नैतिक शिक्षाः *दुष्ट लोगों पर भरोसा मत करो।*

21 खरगोश और शिकारी

एक समय की बात है, एक शिकारी रहता था जो बहुत ही बेरहम था। उसे खरगोश का मांस खाना बहुत पसंद था और वह अपने खाने के लिए लगभग हर दिन एक खरगोश पकड़ता था। एक दोपहर, उसने एक खरगोश पकड़ा और घर वापस चलने लगा। रास्ते में उसे एक साधु मिला।

साधु ने धीरे से कहा, "मेरे बेटे, कृपया खरगोश को आजाद कर दो। अगर तुम दया करोगे, तो भगवान तुम्हें आशीर्वाद देंगे।" लेकिन शिकारी गुस्सा हो गया और बोला, "मैं तुम्हारी बात क्यों सुनूं? मैं जो चाहूँगा वो करूँगा।"

उसने खरगोश को मारने के लिए एक बड़ा चाकू निकाला। साधु ने उसे रोकने की कोशिश की, लेकिन शिकारी ने उसे एक तरफ धकेल दिया।

जब शिकारी ने खरगोश की गर्दन काटने के लिए चाकू उठाया, तो उसका हाथ फिसल गया। खरगोश को चोट लगने के बजाय, चाकू उसके अपने पैर पर लग गया।

वह दर्द से चिल्लाया और खरगोश को गिरा दिया। डरा हुआ खरगोश तेजी से भाग गया और बच निकला।

शिकारी बुरी तरह घायल हो गया था। उस दिन के बाद से, वह फिर कभी ठीक से चल नहीं पाया और शिकार भी नहीं कर पाया।

नैतिक शिक्षाः *जानवरों के प्रति दयालु बनें।*

22 भिक्षु की सलाह

एक ऋषि जंगल के पास रहते थे। एक दिन, जंगल में घूमते हुए, उन्हें एक हाथी का बच्चा अकेला मिला। उन्हें उस पर तरस आया और वे उसे घर ले आए। उन्होंने उस छोटे हाथी की बहुत प्यार से देखभाल की, जैसे एक माता–पिता अपने बच्चे की देखभाल करते हैं। उन्होंने उसका नाम लक्ष्मी रखा। एक दिन, ऋषि को गाँव जाना था। जाने से पहले, उन्होंने लक्ष्मी के लिए केलों से भरी कई टोकरियाँ खरीदीं ताकि उसे भूख न लगे। उनके जाने के बाद, लक्ष्मी ने खाना शुरू किया। उसने केलों की एक टोकरी खत्म की, फिर दूसरी, और फिर तीसरी। वह तब तक खाती रही जब तक हर टोकरी खाली नहीं हो गई।

जब ऋषि घर लौटे, तो उन्होंने लक्ष्मी को जमीन पर पड़ा देखा। उसका पेट सूजा हुआ था, और वह बीमार लग रही थी। ऋषि बहुत परेशान हो गए और मदद के लिए किसी को ढूँढ़ने के लिए जल्दी से जंगल में चले गए। वहाँ, उन्हें एक साधु मिले और उन्होंने उन्हें सब कुछ बताया। साधु ने धीरे से कहा, "तुम इसलिए परेशान हो रहे हो, क्योंकि तुम हाथी से बहुत ज्यादा जुड़े हुए हो। यह पाउडर लो और उसके सिर पर मलो। वह ठीक हो जाएगी। "ऋषि घर गए और ठीक वैसा ही किया जैसा साधु ने उनसे कहा था। जल्द ही, लक्ष्मी को बेहतर महसूस हुआ और वह फिर से खड़ी हो गई।

ऋषि को राहत मिली। उन्होंने एक जरूरी सबक भी समझा की किसी से प्यार करना अच्छा है, लेकिन बहुत ज्यादा लगाव चिंता और दर्द ला सकता है। तब से, उन्होंने समझदारी से लक्ष्मी की देखभाल की।

नैतिक शिक्षाः *किसी भी चीज की अधिकता नुकसानदायक होती है।*

बैल और शेर

एक शाम, एक बैल अपने दोस्तों के साथ जंगल के पास घास के मैदान में चर रहा था। जैसे ही सूरज डूबने लगा, उसके दोस्तों ने आवाज लगाई, "अंधेरा हो रहा है। चलो घर चलते हैं।"

लेकिन बैल ताजी घास खाने में व्यस्त था और उसने ध्यान नहीं दिया। वह पीछे रह गया जबकि दूसरे चले गए। जल्द ही, रात हो गई। चाँद और तारों ने आसमान को रोशन कर दिया। जैसे ही बैल ने चारों ओर देखा, उसने अंधेरे में दो चमकती आँखें देखीं। उसे एहसास हुआ कि कोई जंगली जानवर पास में है।

अचानक, एक जोरदार दहाड़ ने सन्नाटा तोड़ दिया। यह एक शेर था! डरकर, बैल जितनी तेजी से भाग सकता था, भागा। शेर ने अंधेरे खेतों में उसका पीछा किया।

आखिरकार, बैल पास के एक खेत में पहुँच गया। वह जगह जलती हुई मशालों से रोशन थी। जल्दी में, वह एक बाड़ फांदकर एक बकरी के बाड़े में जा गिरा।

वहाँ रहने वाली बकरी को गुस्सा आ गया और उसने बैल को अपने सींगों से धक्का देना शुरू कर दिया। बैल ने उनसे कहा, "कृपया गुस्सा मत होइए! एक शेर मेरा पीछा कर रहा है। जैसे ही शेर चला जाएगा, मैं चला जाऊंगा।"

नैतिक शिक्षाः *खतरे में पड़े किसी व्यक्ति के साथ बुरा बर्ताव न करें।*

बंदर और बढ़ई

एक गाँव के मंदिर के पास, बंदरों का एक झुंड खुशी–खुशी रहता था। एक दिन, एक बढ़ई वहाँ काम करने आया। वह लकड़ी के बड़े–बड़े लट्ठे काटने और चीरने में व्यस्त था। एक छोटे बंदर ने उसे ध्यान से देखा और उसके औजारों और काम के बारे में बहुत उत्सुक हो गया।

जब बढ़ई खाना खाने के लिए चला गया, तो बंदर ने खुद औजारों का इस्तेमाल करके देखना चाहा। दूसरे बंदरों ने उसे चेतावनी दी, "ये औजार तेज और खतरनाक हैं। इन्हें मत छूना।"

लेकिन छोटे बंदर ने उनकी सलाह अनसुनी कर दी। वह लकड़ी के ढेर के पास गया, बढ़ई का औजारों वाला बैग खोला, और जो कुछ भी मिला उससे खेलने लगा।

तभी, बढ़ई वापस आ गया। बंदर को अपने औजारों के साथ देखकर उसे गुस्सा आ गया। बंदर डर गया और भागने की कोशिश करने लगा। घबराहट में उसकी पूंछ एक भारी लकड़ी के तख्ते के नीचे फंस गई।

बढ़ई ने उसे डांटा, मारा, और फिर उसकी पूंछ खींचकर छुड़ा ली। बंदर चोटिल और डरा हुआ अपने दोस्तों के पास वापस भागा। उन्होंने उससे कहा, "तुम्हें कभी किसी और के काम में दखल नहीं देना चाहिए।"

नैतिक शिक्षाः *दूसरों के काम में दखल नहीं देना चाहिए।*

25 साँप और साधु

एक जंगल में एक साँप रहता था। जब भी लोग उसे परेशान करते या उस पर हमला करते, तो वह उन्हें काट लेता था। एक दिन, एक साधु जंगल में आये, तब उन्होंने साँप को देखा। उन्होंने धीरे से कहा, "आज से, किसी को मत काटना।"
साँप ने साधु का आदर किया और उसकी सलाह मानने का वादा किया।
कुछ समय बाद, साधु जंगल से चले गये। जाने से पहले, उसने साँप को याद दिलाया, "हमेशा अच्छा व्यवहार करना, याद रखना।"

महीने बीत गए। जब साधु वापस आये, तो वह साँप को जमीन पर पड़ा, दुबला–पतला और बुरी तरह घायल देखकर हैरान रह गये।
उन्होंने चिंता से पूछा, "तुम्हें क्या हुआ है?" साँप ने दुखी होकर जवाब दिया, "गुरुजी, कुछ लोगों ने मुझ पर पत्थर फेंके। मैंने उन्हें इसलिए नहीं काटा क्योंकि आपने मुझे ऐसा करने से मना किया था। अब, मैं चोटिल और कमजोर हो गया हूँ।"
साधु ने प्यार से मुस्कुराते हुए कहा, "मैंने तुमसे कहा था कि किसी को मत काटो। लेकिन मैंने यह कभी नहीं कहा कि तुम अपनी रक्षा मत करो। तुम फुफकार कर उन्हें डराकर भगा सकते थे। अच्छा होने का मतलब यह नहीं है कि तुम दूसरों को तुम्हें नुकसान पहुँचाने दो।" साँप को अपनी गलती समझ में आ गई। उसने सीखा कि दया और समझदारी में संतुलन होना चाहिए।

नैतिक शिक्षाः *दयालु बनें लेकिन अपनी सुरक्षा करें।*

26 शेर और लकड़हारा

एक लकड़हारा रोज लकड़ी काटने जंगल जाता था। कभी–कभी, उसकी छोटी बेटी उसके साथ जाती थी और जब वह काम करता था तो पास में ही खेलती थी। एक दिन, एक शेर ने दूर से लड़की को देखा। उसे वह बहुत पसंद आई और उसने तय कर लिया कि वह उससे शादी करना चाहता है।
अगले दिन, शेर लकड़हारे के घर गया और शादी के लिए लड़की का हाथ मांगा।
लकड़हारा डर गया, लेकिन उसने शांत रहने की कोशिश की। एक पल सोचने के बाद, उसने प्यार से कहा, "हमें आपकी इच्छा से खुशी हुई। लेकिन मेरी बेटी आपके नुकीले पंजों और बड़े दांतों से डरती है। वह कहती है कि आप उनके बिना ज्यादा अच्छे लगेंगे।" शेर को लड़की इतनी पसंद आई कि वह तुरंत मान गया। उसने अपने पंजे तोड़ दिए और अपने नुकीले दांत निकाल लिये।

गर्व और खुशी महसूस करते हुए, वह लकड़हारे के घर लौट आया, यह सोचकर कि शादी के लिए सब कुछ तैयार है।
लेकिन अब शेर के पंजे और दांत नहीं थे। वह अब किसी को नुकसान नहीं पहुंचा सकता था। यह देखकर, लकड़हारा अब डर नहीं रहा था। उसने शेर को अपने घर से भगा दिया। शेर अपनी गलती समझकर उदास होकर चला गया।

नैतिक शिक्षाः *दूसरों के लिए बेवकूफी में खुद को न बदलें।*

27 झूठा चरवाहा लड़का

एक छोटा लड़का एक गाँव में रहता था और बहुत सारी भेड़ें पालता था। हर दिन, वह उन्हें चराने के लिए खेतों में ले जाता था। लड़के को दूसरों के साथ मजाक करने में मजा आता था। एक दिन, वह जोर से चिल्लाया, "बचाओ! बचाओ! एक भेड़िया मेरी भेड़ों पर हमला कर रहा है!"

उसकी चीखें सुनकर, गाँव वाले उसकी मदद करने के लिए खेत की ओर दौड़े। लेकिन जब वे पहुँचे, तो उन्होंने लड़के को खुशी से हँसते हुए देखा। "भेड़िया कहाँ है?" उन्होंने पूछा।

"कोई भेड़िया नहीं है," लड़के ने मुस्कुराते हुए कहा। "मैं तो बस मजाक कर रहा था।"

गाँव वाले परेशान हो गए और उससे कहा कि झूठ बोलना एक बुरी आदत है। फिर वे घर वापस चले गए।

कुछ दिनों बाद, लड़के ने फिर वही चाल चली। इस बार, गाँव वाले बहुत गुस्सा हो गए और उसे चेतावनी दी कि वह अब और झूठ न बोले।

लेकिन एक दिन, एक असली भेड़िया खेत में आया और भेड़ों पर हमला कर दी। लड़का मदद के लिए जोर से चिल्लाया। हालाँकि, इस बार किसी ने उस पर विश्वास नहीं किया, और कोई भी मदद करने नहीं आया।

नैतिक शिक्षाः *लोग झूठे लोगों पर भरोसा करना बंद कर देते हैं।*

28 तैरते मटके

एक गाँव में दो दिनों तक लगातार भारी बारिश हुई। जल्द ही, बाढ़ का पानी सड़कों पर भर गया और कई घरों में घुस गया। बहते पानी में हर तरह की चीजें तैरने लगी–बिस्तर, बक्से, बर्तन और कई दूसरी चीजें।

तैरने वाली चीजों में दो मटके भी थे। एक मिट्टी का बना था, और दूसरा मजबूत पीतल का। जैसे–जैसे वे बहते गए, पीतल के मटके ने प्यार से कहा, "मेरे पास रहो, मेरे दोस्त। मैं मजबूत हूँ और तुम्हें दूसरी चीजों से टकराने से बचा सकता हूँ।"

मिट्टी के मटके ने प्यार से जवाब दिया, "आपकी मेहरबानी के लिए शुक्रिया। लेकिन मेरे लिए आपसे थोड़ी दूर रहना ज्यादा सुरक्षित है। जल्द ही हम नदी तक पहुँच सकते हैं जहाँ पानी तेजी से बहता है। अगर हम एक–दूसरे से टकरा गए, तो मैं टुकड़ों में टूट सकता हूँ।"

इसलिए, मिट्टी का मटका पीतल के मटके से थोड़ी सुरक्षित दूरी बनाकर उसके साथ बहता चला गया!

नैतिक शिक्षाः *कमजोर को ताकतवर से सावधान रहना चाहिए।*

29 हिरण और उसके दोस्त

जंगल में एक हिरण रहता था। वह मिलनसार और दयालु था, और सब उसे प्यार करते थे। एक दिन, हिरण बहुत बीमार पड़ गया। खतरनाक जानवरों से बचने के लिए, वह नरम, हरी घास वाली एक शांत जगह पर चला गया। जैसे–जैसे दिन बीतते गए, वह और कमजोर होता गया। जल्द ही, उसमें खड़े होने की ताकत नहीं बची। वह जमीन पर लेट गया और सिर्फ आसपास आने वाली घास खाता रहा।

जब उसके दोस्तों को पता चला कि वह बीमार है, तो वे उससे मिलने आए। उन्होंने प्यार से बात की और उसके जल्दी ठीक होने की दुआ की। लेकिन जाने से पहले, उन्होंने उसके आस–पास उगी ताजी घास भी खाई।

हर दिन, और दोस्त मिलने आते थे। हर कोई जाने से पहले थोड़ी घास खाता था।

धीरे–धीरे, जमीन का हरा–भरा हिस्सा खाली हो गया। हिरण के खाने के लिए कोई घास नहीं बची।

बिना खाने के, बेचारा हिरण और कमजोर होता चला गया। आखिर में, उसकी मौत हो गई क्योंकि उसके आने वाले सिर्फ अपने बारे में सोचते थे और सच में उसकी मदद नहीं करते थे।

नैतिक शिक्षाः *एक अच्छा दोस्त दूसरों की परवाह करता है।*

30 ईमानदार पिता

सोजल और ओजल नाम के दो दोस्त थें। एक दिन, ओजल ने सुझाव दिया, "चलो अपने पैसे जंगल में गाड़ देते हैं। अगर हम इसे अपने पास रखेंगे, तो हो सकता है कि हम इसे खो दें या खर्च कर दें।" इसलिए वे दोनों जंगल में गए और अपने पैसे एक बड़े पेड़ के नीचे छिपा दिए।

उस रात, ओजल चुपके से जंगल लौटा और सारा पैसा खोदकर निकाल लिया। उसने उसे अपने पास रख लिया।

अगली सुबह, ओजल ने सोजल पर आरोप लगाया और कहा, "तुमने पैसे लिए हैं। मुझे मेरा हिस्सा दो।"

सोजल हैरान हुआ और उसने जवाब दिया, "मैंने कुछ नहीं लिया है। मैं चोर नहीं हूँ।"

ओजल ने जोर देकर कहा, "तो हम कोर्ट जाएँगे और जज को फैसला करने देंगे।"

बाद में, ओजल अपने पिता के पास गया और कबूल किया, "मैंने पैसे लिए हैं। लेकिन जब जज कल आपसे पूछे, तो कृपया कह देना कि सोजल चोर है।" अगले दिन, वे सब कोर्ट गए। जज ने ओजल के पिता से पूछा कि उन्हें इस मामले के बारे में क्या पता है। पिता ने ईमानदारी से कहा, "सर, मेरे बेटे ओजल ने ही पैसे चुराए हैं। मैं झूठ नहीं बोल सकता, अपने बच्चे को बचाने के लिए भी नहीं।" उसकी ईमानदारी से सब हैरान रह गए, और सच सामने आ गया।

नैतिक शिक्षाः *हमेशा सच बोलें।*

गधा और टिड्डे

एक दिन, एक गधा चुपचाप खेत में घास खा रहा था। जब वह घास खा रहा था, तो उसे पास से एक प्यारी सी आवाज सुनाई दी। कुछ टिड्डे हल्की, सुरीली चहचहाहट कर रहे थे।

गधे को वह मीठी आवाज बहुत पसंद आई। उसने ध्यान से सुना और खुद भी वैसी ही आवाज निकालने की कोशिश की। लेकिन उसने कितनी भी कोशिश की, वह ऐसा नहीं कर सका। अगले दिन, उसने फिर से टिड्डों को बहुत अच्छा गाते हुए सुना। वह उनके पास गया और कहा, "प्यारे दोस्तों, आपकी आवाज बहुत अच्छी लग रही है। मैं भी आपकी तरह गाना चाहता हूँ।"

एक टिड्डे ने धीरे से जवाब दिया, "हम तुम्हारे जैसे नहीं हैं। हर कोई अलग है, और हर किसी का अपना खास तरीका होता है।" लेकिन गधे ने ध्यान नहीं दिया। उसने उत्सुकता से पूछा, "तुम ऐसा क्या खाते हो जिससे तुम्हारी आवाज इतनी मीठी हो जाती है?"

टिड्डे ने जवाब दिया, "हम ओस की छोटी–छोटी बूँदें पीते हैं।"

गधे ने तुरन्त इस बात पर विश्वास कर लिया। उस दिन से, उसने घास खाना बंद कर दिया और सिर्फ ओस की बूँदों पर जीने की कोशिश करने लगा।

जल्द ही, बिना सही खाने के, वह कमजोर और थका हुआ हो गया। अंत में वह इतना कमजोर हो गया कि उसकी मौत हो गई।

नैतिक शिक्षाः *दूसरों की नकल न करें।*

चार दोस्त और खजाना

बहुत समय पहले, चार दोस्त एक गाँव में रहते थे। वे बहुत गरीब थे और अक्सर अपनी जिंदगी से दुखी रहते थे। एक दिन, वे नदी के किनारे प्रार्थना कर रहे एक साधु से मिले। उन्होंने उसे बताया कि उनकी जिंदगी कितनी मुश्किल है और मदद माँगी। साधु ने उनमें से हर एक को एक छोटा पत्थर दिया और कहा, "हिमालय की ओर चलो। जब तुम्हारा पत्थर तुम्हारे हाथ से गिर जाए, तो उस जगह पर खुदाई करना।" चारों दोस्तों ने अपना सफर शुरू किया।

कुछ देर चलने के बाद, पहले दोस्त के हाथ से पत्थर फिसल गया। उन्होंने उस जगह पर खुदाई की और तांबे के सिक्कों से भरा एक संदूक मिला। वे चलते रहे। कुछ दिनों बाद, दूसरे दोस्त का पत्थर गिर गया। उन्होंने फिर से खुदाई की और चांदी के सिक्कों से भरा एक संदूक मिला। वे आगे बढ़ते रहे। कई और दिनों के बाद, तीसरे दोस्त का पत्थर गिर गया। जब उन्होंने वहाँ खुदाई की, तो उन्हें सोने के सिक्के मिले।

तीनों दोस्त खुश हुए और बोले, "अब हमारे पास बहुत कुछ है। चलो घर चलते हैं।" लेकिन चौथा दोस्त खुश नहीं था। उसे और भी ज्यादा खजाना चाहिए था। इसलिए, बाकी तीन घर चले गए, और वह अकेला चलता रहा। वह कई दिनों तक चलता रहा और थक गया और भूखा हो गया। एक दिन, उसने एक अजीब आदमी को देखा जो अपने सिर पर एक भारी पहिया रखे हुए खड़ा था। चौथे दोस्त ने पूछा, "तुम यहाँ सिर पर पहिया रखे हुए क्यों खड़े हो?"

अचानक, पहिया उठा और चौथे दोस्त के सिर पर आ गिरा। यह बहुत भारी था, और उसे बहुत दर्द हुआ। वह हिल नहीं पा रहा था। उसने उस आदमी से विनती की, "कृपया यह पहिया वापस ले जाओ!" उस आदमी ने शांति से जवाब दिया, "यह लालच का पहिया है। यह तुम्हारे सिर पर तब तक रहेगा जब तक कोई दूसरा लालची आदमी यहाँ नहीं आ जाता।" फिर वह आदमी उसे छोड़कर चला गया।

नैतिक शिक्षाः *बहुत ज्यादा लालच से समस्या पैदा होती हैं।*

33

शेर और उसका लालच

एक दोपहर, एक शेर जंगल से गुजर रहा था। उसने एक छोटी झाड़ी के नीचे एक खरगोश को गहरी नींद में सोते हुए देखा। शेर चुपचाप आगे बढ़ा और खरगोश को पकड़ लिया। बेचारा खरगोश डर के मारे काँप उठा। शेर उसे खाने के लिए तैयार था। तभी, शेर ने पास में ही एक बड़ा हिरण खड़ा देखा।

शेर ने सोचा, "यह खरगोश छोटा है। हिरण बहुत बड़ा है। अगर मैं हिरण को पकड़ लूँ, तो मेरे पास ज्यादा खाना होगा।" इसलिए, शेर ने खरगोश को छोड़ दिया और हिरण के पीछे दौड़ने लगा।

खरगोश ने एक सेकंड भी बर्बाद नहीं किया। वह तेजी से अपने बिल की ओर भागा और अंदर सुरक्षित रूप से छिप गया। शेर ने हिरण का बहुत देर तक पीछा किया। लेकिन हिरण बहुत तेज था। जल्द ही, वह जंगल में बहुत अंदर भाग गया और गायब हो गया।

शेर ने दौड़ना बंद कर दिया। वह थका हुआ और भूखा था। अब, उसके पास खाने के लिए कुछ नहीं था। खरगोश चला गया था, और हिरण भी भाग गया था। शेर ने आह भरी और कहा, "मुझे खरगोश को खा लेना चाहिए था। अब, मैं दोनों को खो चुका हूँ।"

नैतिक शिक्षाः *लालच से हम सबकुछ खो देते हैं।*

34

हाथी और चूहे

बहुत समय पहले, एक गाँव में चूहों का एक बड़ा झुंड रहता था। हर दिन, हाथियों का एक झुंड पानी पीने के लिए पास की एक झील पर जाता था। झील तक पहुँचने के लिए, वे गाँव से गुजरते थे। हाथी बड़े और भारी होने की वजह से, कई छोटे चूहे उनके पैरों तले कुचल जाते थे।

चूहों का राजा बहुत परेशान हो गया। वह हाथियों के राजा से मिलने गया। उसने प्यार से कहा, "कृपया करके झील के लिए दूसरा रास्ता चुनिए। मेरे बहुत से लोग चोटिल हो रहे हैं।"

हाथी राजा दयालु था। वह समस्या समझ गया और दूसरा रास्ता लेने के लिए मान गया। जाने से पहले, चूहे राजा ने कहा, "अगर आपको कभी हमारी मदद की जरूरत हो, तो कृपया हमें याद रखना।"

कुछ समय बाद, जंगल में कुछ शिकारी आए। उन्होंने कई हाथियों को मजबूत, बड़े जालों में फँसा लिया। हाथी राजा को चूहे राजा की बातें याद आ गईं। उसने मदद के लिए संदेश भेजा।

चूहे जल्दी से जंगल की ओर भागे। अपने तेज दाँतों का इस्तेमाल करके, उन्होंने जालों को चबाकर काट दिया। जल्द ही, सभी हाथी आजाद हो गए। हाथियों ने उन्हें बचाने के लिए चूहों को धन्यवाद दिया। उस दिन से, वे सच्चे और अच्छे दोस्त बन गए।

नैतिक शिक्षाः *दयालुता हमेशा वापस आती है।*

हिरण और राजकुमार

बहुत समय पहले, एक सन्त का पुनर्जन्म हिरण के रूप में हुआ। वह हिरण एक बड़े, हरे–भरे जंगल में शांति से रहता था। दूसरे जानवर उससे प्यार करते थे, क्योंकि वह शांत, खुश और सबके साथ अच्छा व्यवहार करने वाला था।
एक दिन, एक राजकुमार अपने घोड़े पर जंगल से गुजर रहा था। जब उसने चारों ओर देखा, तो उसने देखा कि हिरण चुपचाप घास खा रहा है। राजकुमार ने कहा, "कितना प्यारा हिरण है!"
उसे अकेला छोड़ने के बजाय, राजकुमार ने उसका पीछा करने का फैसला किया। वह काफी देर तक हिरण के पीछे दौड़ता रहा।

जब वह एक नदी के पास पहुँचा, तो घोड़े ने अचानक जोर से हिनहिनाया और वह लड़खड़ा गया। राजकुमार अपना संतुलन खो बैठा और सीधे पानी में गिर गया। नदी गहरी थी, और राजकुमार को तैरना नहीं आता था। वह मदद के लिए चिल्लाने लगा।
उसकी चीखें सुनकर, हिरण तेजी से नदी के किनारे भागा। बिना डरे, वह पानी में उतरा और राजकुमार को सुरक्षित बाहर निकलने में मदद की। हिरण ने उसकी जान बचाई थी। राजकुमार को बहुत अफसोस हुआ। उसे याद आया कि वह हिरण का शिकार करना चाहता था, फिर भी उसी हिरण ने उस पर दया दिखाई थी। कृतज्ञ हृदय से राजकुमार ने प्रतिज्ञा की, "मैं फिर कभी किसी जानवर को चोट नहीं पहुँचाऊँगा।" उस दिन से उसने अपना व्यवहार बदल दिया।

नैतिक शिक्षाः *दयालुता हृदय परिवर्तन कर देती है।*

चतुर नाविक

एक दिन, एक अमीर व्यापारी ने एक नाविक से बात की और कहा, "यदि तुम मेरा सामान नदी के दूसरी तरफ सुरक्षित पहुँचा दोगे, तो मैं तुम्हें बहुत सारे पैसे इनाम में दूँगा।" नाविक मदद करने के लिए तैयार हो गया। व्यापारी के पास नदी पार ले जाने के लिए तीन चीजें थीं– एक शेर, एक बकरी, और ताजी घास का एक गट्ठर।
नाविक सोचने लगा। अगर वह पहले घास ले गया, तो शेर बकरी को खा जाएगा। अगर वह पहले शेर को ले गया, तो बकरी जल्दी से घास खा जाएगी। उसे इस समस्या को हल करने का कोई बेहतर तरीका खोजना था। गहन विचार–विमर्श के बाद, उसने एक योजना बनाई।
सबसे पहले, वह बकरी को नदी पार ले गया और उसे दूसरी तरफ सुरक्षित छोड़ दिया। फिर वह अकेला लौट आया। इसके बाद, वह शेर को नदी पार ले गया। लेकिन वह जानता था कि वह शेर को बकरी के साथ अकेला नहीं छोड़ सकता। इसलिए, वह बकरी को अपने साथ वापस ले आया।
फिर, वह घास का गट्ठर नदी पार ले गया और उसे शेर के पास वहीं छोड़ दिया। क्योंकि, शेर घास नहीं खाते, इसलिए यह सुरक्षित था। वह एक बार फिर लौट आया।
आखिरकार, वह बकरी को नदी पार ले गया। इस तरह, तीनों को बिना किसी नुकसान के सुरक्षित दूसरी तरफ ले जाया गया। व्यापारी नाविक की चतुर सोच से बहुत खुश हुआ और उसे अच्छा इनाम दिया।

नैतिक शिक्षाः *समझदारी समस्याओं को सुलझाने में मदद करती है।*

37 बंदर और छोटी मछली

एक बार, जंगल में कई दिनों तक लगातार बारिश होती रही। जल्द ही, जमीन हर जगह पानी से भर गई। सुरक्षित रहने के लिए, दो बंदर एक पेड़ पर चढ़ गए और बारिश खत्म होने तक वहीं इंतजार किया।

जब आसमान आखिरकार साफ हुआ, तो उन्होंने नीचे देखा और नीचे पानी में मछलियाँ तैरती हुई देखीं। एक बंदर परेशान हो गया और बोला, "अरे यार! सारी मछलियाँ इस पानी में डूब सकती हैं।"

दूसरा बंदर तुरंत मदद करना चाहता था। उसने ध्यान से मछलियों को पानी से निकाला और उन्हें सूखी जमीन पर रख दिया।

पहले बंदर ने मछलियों को देखा और कहा, "वे थक गई होंगी। वे अभी आराम कर रही हैं।"

दूसरा बंदर मुस्कुराया और जवाब दिया, "हाँ, जब वे जागेंगे, तो वे हमें बचाने के लिए धन्यवाद देंगे।"

लेकिन बंदर यह नहीं समझे कि मछलियों को जीने के लिए पानी की जरूरत होती है। पानी के बिना, मछलियाँ जिंदा नहीं रह सकती थीं। सभी मछलियाँ मर गईं।

नैतिक शिक्षाः *कम ज्ञान खतरनाक होता है।*

38 कमजोर शेर

एक समय की बात है, एक बूढ़ा शेर रहता था, जो बहुत कमजोर हो गया था। अब उसमें भोजन की तलाश करने की ताकत नहीं बची थी। भोजन के लिए कुछ न होने की वजह से, वह दिन–प्रति–दिन पतला और कमजोर होता जा रहा था। वह अपनी मांद में ही रहता था, इतना कमजोर हो गया था कि हिल भी नहीं पाता था।

एक दिन, एक जंगली सूअर शेर की मांद में घुस आया। जब उसने शेर को लाचार पड़ा देखा, तो उसने अपने नुकीले दांतों से उस पर हमला किया और फिर चला गया। शेर जवाब देने में बहुत कमजोर था और चुप रहा।

अगले दिन, एक सांड मांद में घुस आया। उसे अब भी शेर पर अपना पुराना गुस्सा याद था। शेर को लाचार देखकर, उसने उसे अपने सींगों से जोर से मारा और चला गया। फिर शेर चुपचाप सहता रहा।

तीसरे दिन, एक गधा मांद के पास से गुजरा। उसने देखा कि शेर कमजोर पड़ा है और हिल भी नहीं पा रहा है। गधे ने हिम्मत करके शेर को लात मारी और चला गया।

शेर को बहुत दर्द और दुख हुआ। उसने धीरे से कहा, "सूअर ने मुझ पर हमला किया, और मैं बच गया। बैल ने मुझे चोट पहुंचाई, और मैं बच गया। लेकिन मुझे सबसे ज्यादा दुख इस बात का है कि एक बेवकूफ गधे ने भी अब मुझे नुकसान पहुंचाने की हिम्मत की है।"

नैतिक शिक्षाः *कमजोर का अपमान मत करो।*

हंस और उल्लू

एक घने जंगल में एक झील थी। उसके पास एक सुंदर हंस रहता था। एक दिन, एक उल्लू उड़ता हुआ झील के पास आया। उसे वह शांत जगह पसंद आई और उसने उसे अपना नया घर बनाने का फैसला किया। जल्द ही, हंस और उल्लू पक्के दोस्त बन गए।

उन्होंने कई दिन झील के पास बातें करते और आराम करते हुए बिताए। कुछ समय बाद, गर्मी का मौसम आ गया। सूरज हर दिन तेज चमकता था, और धीरे–धीरे झील सूखने लगी। उल्लू ने हंस से कहा, "मेरे प्यारे दोस्त, मैं अपने पुराने घर वापस जा रहा हूँ। यह एक नदी के पास एक बरगद का पेड़ है। कृपया कभी किसी दिन आकर मुझसे मिल लेना।"

कुछ हफ्ते बाद, हंस ने अपने दोस्त से मिलने का फैसला किया। वह लंबी दूरी तक उड़ा और आखिरकार शाम को बड़े बरगद के पेड़ पर पहुँच गया। उल्लू उसे देखकर खुश हुआ। उसने हंस का गर्मजोशी से स्वागत किया और उसके साथ खाना खाया।

हंस अपनी यात्रा से बहुत थक गया था, इसलिए वह जल्द ही उल्लू के पास एक डाल पर सो गया। उस रात, एक व्यापारी उसी पेड़ के नीचे आराम करने के लिए रुका। जब अंधेरे में उल्लू बोलने लगा, तो व्यापारी परेशान हो गया। उसे लगता था कि उल्लू की आवाज अशुभ होती है। गुस्से में उसने कहा, "यह पक्षी एक बुरा संकेत है। मैं इसे मार डालूँगा।" उसने अपना तीर उल्लू की ओर निशाना लगाया। लेकिन उल्लू तेजी से उड़ गया। दुख की बात है कि तीर सो रहे हंस को जा लगा। उल्लू की परेशानी की वजह से बेचारे हंस की जान चली गई।

नैतिक शिक्षाः *अपने दोस्तों को समझदारी से चुनें।*

बूढ़ा घोड़ा और लोमड़ी

बहुत पहले की बात है, एक किसान के पास एक घोड़ा था, जो बहुत बूढ़ा हो गया था, क्योंकि घोड़ा अब ज्यादा मेहनत नहीं कर सकता था, इसलिए किसान ने उसे जाने को कहा। बेचारे घोड़े ने गुजारिश की, "मालिक, कृपया मुझे मत भेजो। मुझे अपने साथ रहने दो।"

किसान ने एक पल सोचा और कहा, "मैं तुम्हें यहाँ तभी रहने दूँगा जब तुम मुझे शेर की खाल लाकर दोगे।" बूढ़ा घोड़ा उदास होकर जंगल में अंदर चला गया। वहाँ उसे एक चालाक लोमड़ी मिली। घोड़े को परेशान देखकर लोमड़ी ने पूछा कि क्या हुआ। कहानी सुनने के बाद लोमड़ी ने कहा, "चिंता मत करो। मेरे पास एक योजना है। शेर की गुफा के पास लेट जाओ और ऐसे बर्ताव करो जैसे तुम मर गए हो।" घोड़े ने लोमड़ी की बात मान ली।

फिर लोमड़ी शेर के पास गई और बोली, "तुम्हारी गुफा के बाहर एक मरा हुआ घोड़ा पड़ा है। तुम उसे अच्छे से खा सकते हो।" शेर खुशी–खुशी बाहर आया। लोमड़ी ने कहा, "मैं तुम्हारी पूंछ घोड़े से बाँध देती हूँ ताकि तुम उसे आसानी से अंदर खींच सको।" लेकिन चालाक लोमड़ी ने चुपके से शेर का पैर घोड़े की पूंछ से बाँध दिया।

अचानक घोड़ा उछल पड़ा और जितनी तेजी से भाग सकता था, भाग गया। शेर को पत्थरों और नुकीली चट्टानों पर घसीटा गया। वह बुरी तरह घायल हो गया और जल्द ही मर गया। फिर घोड़े ने शेर की खाल ली और किसान के पास लौट आया। किसान हैरान और खुश हुआ। उसने अपना वादा निभाया और बूढ़े घोड़े को जिंदगी भर रहने दिया।

नैतिक शिक्षाः *दोस्त मुश्किल समय में हमारी मदद कर सकते हैं।*

41 काला कौआ और हंस

एक जंगल में एक कौआ रहता था। एक दिन, पेड़ों के ऊपर से उड़ते हुए, उसने एक चमकती हुई झील देखी जो सुंदर सफेद हंसों से भरी हुई थी। हंस इतने सुंदर लग रहे थे कि कौआ खुद से दुखी हो गया। उसने सोचा, वे कितने सफेद और प्यारे हैं। लेकिन मैं तो सांवला और काला हूँ।

शायद अगर मैं उनकी तरह झील के पास रहूँ, तो मैं भी गोरा हो जाऊँगा। इसलिए, कौआ झील के पास ही रहने लगा। हर दिन, वह बार–बार पानी में डुबकी लगाता था। उसने हंसों की तरह चलने और व्यवहार करने की भी कोशिश की।

लेकिन उसने जो भी किया, उसका रंग वैसा ही रहा। कई दिनों के बाद, कौआ हंसों के पास गया और दुखी होकर बोला, “मैं यहाँ तुम्हारे जैसा बनने की उम्मीद में आया था, लेकिन मैं अब भी काला हूँ।”

एक हंस ने प्यार से मुस्कुराते हुए कहा,–मेरे दोस्त, तुम जहाँ रहते हो, उसे बदलने से तुम कौन हो, यह नहीं बदल सकता। असली सुंदरता अंदर से आती है। तुम जैसे हो वैसे ही खास हो। हर कोई किसी वजह से अलग होता है।” यह सुनकर कौआ खुश और शांत महसूस करने लगा। उसने हंस को धन्यवाद दिया और खुशी मन से वापस जंगल की ओर उड़ गया।

नैतिक शिक्षाः *असली सुंदरता अंदरूनी होती है।*

42 चतुर लोमड़ी

एक सुबह, शेर राजा का मूड खराब था। शेरनी ने उसे बताया था कि उसकी सांसों से बदबू आ रही है, और वह बहुत परेशान था। वह जानना चाहता था कि क्या यह सच है। इसलिए, उसने अपने तीन सलाहकारों–एक भेड़, एक भेड़िया, और एक लोमड़ी को उनकी राय पूछने के लिए बुलाया।

सबसे पहले, भेड़ उसके सामने आई। शेर ने पूछा, "सच–सच बताओ, क्या मेरी सांसों से बदबू आ रही है?" भेड़ ने सच बताया और कहा, "हाँ, महाराज, बहुत बदबू आ रही है।" यह सुनकर शेर को गुस्सा आया और उसने भेड़ को मार डाला।

इसके बाद, भेड़िया आगे आया। वह बहुत डरा हुआ था और राजा को गुस्सा नहीं दिलाना चाहता था। इसलिए, उसने कहा, "महाराज, आपकी सांसों से फूलों जैसी मीठी खुशबू आ रही है।" शेर जानता था कि भेड़िया उसे खुश करने के लिए झूठ बोल रहा है। फिर से गुस्से में आकर, उसने भेड़िये को भी मार डाला। आखिर में, लोमड़ी आई।

शेर ने उससे भी वही सवाल पूछा। लोमड़ी जोर–जोर से खांसने और सूंघने लगी। फिर, उसने धीरे से कहा, "महाराज, आज मुझे बहुत ज्यादा सर्दी–जुकाम है। मैं कुछ भी सूंघ नहीं पा रही हूँ।" शेर ने उसकी बात पर यकीन किया और उसे सुरक्षित जाने दिया। लोमड़ी की तेज सोच और सोच–समझकर कही बातों ने उसकी जान बचाई।

नैतिक शिक्षाः *बोलने से पहले विचार करें।*

चींटियाँ और साँप

एक जंगल में, एक बड़ा साँप एक खोखले पेड़ के अंदर रहता था। वह मेंढक, छिपकली और यहाँ तक कि चिड़ियों के अंडे भी खाता था। उसकी वजह से आस–पास के सभी छोटे जीव डरे रहते थे। साँप अक्सर रात में खाना ढूंढने निकलता था और सुबह अपने बिल में लौट आता था।

जैसे–जैसे समय बीतता गया, वह लंबा और मोटा होता गया। जल्द ही, उसका पुराना घर उसके लिए बहुत छोटा हो गया। उसने रहने के लिए एक बड़ी जगह ढूंढने का फैसला किया। कुछ देर खोजने के बाद, उसे एक बड़े बरगद के पेड़ में एक चौड़ा छेद मिला। यह एकदम सही लग रहा था। लेकिन उस पेड़ के पास एक ऊँचा चींटियों का टीला था, जहाँ कई चींटियों ने अपना घर बना लिया था।

साँप ने गर्व से अपना सिर उठाया और फुफकारा, "मैं ताकतवर साँप हूँ! मैं अब यहीं रहूँगा। तुम सबको अभी यहाँ से जाना होगा!"

आस–पास के पक्षी और छोटे जानवर उसकी आवाज सुनकर डर गए। हालाँकि, चींटियाँ डरी नहीं थीं।

उन्होंने अपना घर बनाने के लिए बहुत मेहनत की थी और वे इसे खोना नहीं चाहती थीं। कुछ ही पलों में, हजारों चींटियाँ चींटियों के टीले से बाहर निकल गईं। वे सब मिलकर साँप पर चढ़ गईं और उसे काटने लगीं। साँप दर्द से चिल्लाया और बचने के लिए अपना शरीर मरोड़ने लगा।

लेकिन चींटियाँ नहीं रुकीं। आखिर में, साँप और बर्दाश्त नहीं कर सका। वह तेजी से रेंगता हुआ जंगल में बहुत दूर भाग गया और फिर कभी वह वापस नहीं आया।

नैतिक शिक्षाः *एकता में बहुत ताकत होती है।*

सियार और ड्रम

एक दिन, एक सियार जंगल में घूम रहा था, क्योंकि उसे बहुत भूख लगी थी। उसने हर जगह ढूंढा, लेकिन उसे भोजन के लिए कुछ नहीं मिला। एक पेड़ के नीचे चलते हुए, उसने जमीन पर एक बड़ा सा ड्रम पड़ा देखा। तभी पेड़ से एक सूखी टहनी गिरी और ड्रम से टकराई। "धमाका!"

तेज आवाज से सियार डर गया। वह पीछे हट गया और सोचा, "अरे नहीं! इस ड्रम के अंदर कोई बड़ा जानवर छिपा होगा।"

लेकिन सियार लालची भी था। वह सोचने लगा कि वह जानवर कितना स्वादिष्ट होगा। "अगर मैं इस ड्रम को तोड़ दूं, तो मैं अंदर जो कुछ भी है उसे खा सकता हूं," उसने खुद से कहा। उसने ड्रम को अपने पंजों से खरोंचना और मारना शुरू कर दिया। टूटने के बजाय, ड्रम और भी तेज आवाज करने लगा।

तेज आवाज से जंगल का राजा शेर जाग गया, जो पास में आराम कर रहा था। शेर दहाड़ता हुआ आया और गुस्से से पूछा, "इतनी आवाज कौन कर रहा है?" सियार ने जल्दी से सिर झुकाया और कहा, "महाराज, मुझे लगता है कि इस ड्रम के अंदर एक जानवर फंसा हुआ है। अगर आप इसे तोड़ दें, तो आपको स्वादिष्ट भोजन मिल सकता है।" शेर, जो भूखा भी था, उसने एक जोरदार वार से ड्रम को तोड़ दिया। लेकिन जब वह टूटा, तो अंदर कुछ भी नहीं था। वह पूरी तरह से खाली था। शेर को गुस्सा आ गया। "तुमने बेकार में मेरी नींद खराब कर दी!" वह गुर्राया। "यहाँ कोई भोजन नहीं है, और मैं अभी भी भूखा हूँ।" गुस्से में शेर ने सियार पर हमला किया और उसे खा गया।

नैतिक शिक्षाः *लालच संकट को निमंत्रण देता है।*

45 शेर और चतुर सियार

एक दिन, एक शिकारी ने जंगल में जाल बिछाया। एक शेर उसमें चला गया और एक मजबूत पिंजरे में बंद हो गया। उसने बचने के लिए बहुत कोशिश की और जोर लगाया, लेकिन वह बाहर नहीं निकल सका। आखिर में, वह बेबस महसूस करते हुए चुपचाप बैठ गया।

कुछ देर बाद, एक साधु वहाँ से गुजरा। शेर ने उसे आवाज दी, "कृपया मेरी मदद कीजिए! मुझे आजाद कर दो। मैं वादा करता हूँ कि मैं तुम्हें कोई नुकसान नहीं पहुँचाऊँगा।"

दयालु साधु ने शेर की बात पर भरोसा किया और पिंजरा खोल दिया। शेर बाहर निकल गया, लेकिन वह जल्द ही अपना वादा भूल गया। उसने साधु पर हमला करने का फैसला किया।

साधु ने जल्दी से कहा, "चलो किसी से पूछते हैं कि कौन सही है?"

उसी समय, एक सियार वहाँ से गुजर रहा था। उन्होंने उसे सब कुछ बताया और मामले का फैसला करने को कहा।

ध्यान से सुनने के बाद, सियार ने कहा, "मुझे समझ नहीं आ रहा कि इतना बड़ा शेर उस पिंजरे के अंदर कैसे समा सकता है। कृपया मुझे दिखाओ।"

शेर दिखाने के लिए वापस पिंजरे में चला गया। एक पल में, साधु ने पिंजरे का दरवाजा कसकर बंद कर दिया। साधु ने अपनी जान बचाने के लिए चालाक सियार को धन्यवाद दिया और सुरक्षित चला गया।

नैतिक शिक्षाः चतुराई से समस्याएँ हल होती हैं।

46 पेड़ और जानवर

एक दिन, आसमान में काले बादल छा गए, और तेज तूफान आने वाला था। जंगल एकदम शांत हो गया। सभी जानवर अपने घरों में सुरक्षित रहे। इस बीच, जंगल के पेड़ आपस में बातें करने लगे।

एक पेड़ ने शिकायत की, "जानवर और पक्षी रोज हमारे नीचे आकर आराम करते हैं, लेकिन वे जगह को गंदा कर देते हैं।" दूसरा पेड़ मान गया और बोला, "हमें उनसे कहना चाहिए कि वे जमीन को गंदा करना बंद करें।" तीसरे पेड़ ने सुझाव दिया, "क्यों न उन्हें डराकर भगा दिया जाए? इससे उन्हें सबक मिलेगा।"

अगले दिन, जब जानवर पेड़ों के नीचे आराम करने आए, तो पेड़ हवा से हिलने और कांपने लगे। उनकी डालियाँ इतनी तेजी से हिलीं कि जानवर डरकर भाग गए।

जल्द ही, जंगल का फर्श साफ हो गया, लेकिन खाली भी। कोई पक्षी नहीं गा रहा था, और कोई जानवर भी पास नहीं आया।

पहले तो पेड़ खुश हुए। कुछ देर बाद, दो लकड़हारे आए। उन्होंने चारों ओर देखा और कहा, "यहाँ अब कोई जानवर नहीं है। यह पेड़ काटने के लिए अच्छी जगह है।"

यह सुनकर पेड़ों को अपनी गलती का एहसास हुआ। वे समझ गए कि जानवर और पेड़ जिंदा रहने के लिए एक-दूसरे पर निर्भर हैं।

नैतिक शिक्षाः हम सभी को एक-दूसरे की जरूरत होती है।

47 मोर और सारस

एक जंगल में, पेड़ों और झाड़ियों से घिरी एक शांत झील थी। झील के पास एक मोर रहता था। उसके पंख चमकीले और रंगीन थे और उसे हर दिन पानी में अपनी परछाई देखना बहुत पसंद था।

एक दिन, एक सारस भोजन की तलाश में झील पर आया। झील मछलियों से भरी थी, और सारस भूखा था।

सारस को देखकर, मोर ने अपने चमकते पंख फैलाए और गर्व से कहा,

"देखो मैं कितना सुंदर हूँ! मेरे पंख चमकीले और रंगीन हैं। तुम्हारे पंख सादे हैं और मेरे जितने सुंदर नहीं हैं।" सारस ने उसे देखा और जवाब दिया, "हाँ, तुम्हारे पंख बहुत सुंदर हैं।"और भी गर्व महसूस करते हुए, मोर ने कहा, "इस जंगल में कोई भी मेरे जितना सुंदर नहीं है।"

सारस ने धीरे से जवाब दिया, "मेरे पंख भले ही चमकीले या रंगीन न हों, लेकिन वे मुझे लंबी दूरी तक उड़ने में मदद करते हैं। तुम्हारे पंख प्यारे दिखते हैं, लेकिन वे तुम्हें दूर तक उड़ने में मदद नहीं करते।" मोर के पास कोई जवाब नहीं था। उसे एहसास हुआ कि सुंदर होना सबसे जरूरी बात नहीं है। असल में मायने यह रखता है कि तुम क्या कर सकते हो। उस दिन से वह और भी विनम्र हो गया।

नैतिक शिक्षाः सुन्दर दिखने से ज्यादा जरूरी अंदरूनी गुण हैं।

48 भेड़े और भेड़िया

एक जंगल के पास पहाड़ियों में एक भेड़िया रहता था। एक दिन, वह भोजन के लिए कुछ ढूंढने निकला। जल्द ही, वह एक घास के मैदान में पहुँच गया जहाँ दो मजबूत भेड़ें जोर–शोर से लड़ रहे थे। वे एक–दूसरे पर हमला कर रहे थे और बार–बार अपने सींग आपस में टकरा रहे थे।

भेड़िया चुपचाप एक झाड़ी के पीछे छिप गया और उन्हें देखने लगा। उसने सोचा, "अगर वे लड़ते रहे, तो वे दोनों मर सकते हैं। तब, मुझे बिना कोई काम किए ही भरपूर खाना मिल जाएगा।" भेड़े ने अपनी लड़ाई जारी रखी और बुरी तरह घायल हो गए।

भेड़िया बेसब्र हो गया। उसने खुद से कहा, "वे अब कमजोर हो गए होंगे।" "मैं पास जाकर एक को पकड़ लूँगा।"

भेड़िया आगे बढ़ा और अपना सिर दोनों लड़ते हुए भेड़ों के बीच घुसा दिया। तभी, दोनों भेड़ें एक–दूसरे पर जोर से हमला करने लगे। भेड़िया उनके बीच फँस गया और कुचल गया। उसके लालच और बेवकूफी भरे फैसले की वजह से उसकी जान चली गई।

नैतिक शिक्षाः लालच से संकट आता है।

49 बाघ की खाल में गधा

बहुत पहले की बात है, एक गरीब धोबी के पास एक गधा था। उसके पास बहुत कम पैसे थे, इसलिए वह गधे को खाना नहीं दे पाता था। बेचारा जानवर अक्सर भूखा रहता था। एक दिन, धोबी जंगल से गुजर रहा था, तभी उसने देखा कि एक बाघ जमीन पर पड़ा है।

ध्यान से देखने पर उसे पता चला कि बाघ मर चुका है। अचानक, उसे एक विचार आया और वह बाघ की खाल अपने साथ घर ले गया। उस रात, उसने गधे को बाघ की खाल से ढक दिया और कहा, "किसानों के खेतों में जाओ और जितना चाहो खाओ। लोग तुम्हें बाघ समझेंगे और डरकर तुम्हें भगा नहीं पाएंगे।"

यह योजना काम कर गयी। हर रात, गधा बाघ की खाल पहनकर खेतों में जाता और बिना किसी के रोके फसल खाता।

किसान उसके पास जाने से बहुत डरते थे। लेकिन एक रात, फसल खाते समय, गधे ने पास में कहीं एक मादा गधे की आवाज सुनी। वह अपना भेष भूल गया।

जोश में आकर, उसने जोर से रेंक दिया। किसान ने अजीब आवाज सुनी और सच जान गया। "यह कोई बाघ नहीं है!" वह चिल्लाया। वह खेत में भागा, गधे को पकड़ा और उसे पीटा।

नैतिक शिक्षा: *असली स्वभाव नहीं छिप सकता है।*

50 दो दोस्त और भालू

एक दोपहर, गोविंद और राघव नाम के दो दोस्तों ने जंगल में टहलने का फैसला किया। रास्ते में चलते हुए, उन्होंने एक–दूसरे से वादा किया कि अगर कोई खतरा आया तो वे हमेशा एक–दूसरे की मदद करेंगे।

जंगल में काफी अंदर जाने के बाद, उन्होंने अचानक एक बड़े भालू को अपनी ओर दौड़ते हुए देखा।

गोविंद खुद को बचाने के लिए जल्दी से एक ऊंचे पेड़ पर चढ़ गया। लेकिन राघव अकेला रह गया। वह बहुत डरा हुआ था और उसे समझ नहीं आ रहा था कि कैसे भागे। फिर उसे याद आया कि भालू आमतौर पर मरे हुए जानवरों को नहीं छूते। इसलिए वह जमीन पर लेट गया, अपनी सांस रोक ली, और बेजान होने का नाटक किया।

भालू पास आया और उसे ध्यान से सूंघा। उसने अपना मुंह राघव के कान के पास भी लाया और धीमी आवाज निकाली। राघव एकदम शांत रहा और बिल्कुल भी नहीं हिला।

थोड़ी देर बाद, भालू को लगा कि वह मर गया है और धीरे–धीरे जंगल में चला गया। जब सब कुछ सुरक्षित हो गया, तो गोविंद पेड़ से नीचे उतरा और पूछा, "भालू ने तुम्हारे कान में क्या फुसफुसाया?"

राघव ने शांति से जवाब दिया, "भालू ने मुझसे कहा कि ऐसे दोस्त पर कभी भरोसा मत करना जो खतरे में तुम्हें अकेला छोड़ दे।"

नैतिक शिक्षा: *सच्चे दोस्त खतरे में एक दूसरे की मदद करते हैं।*

51 हाथी और गौरैया

एक घने जंगल में एक बहुत बड़ा बरगद का पेड़ था। बहुत सारे जानवर उसकी छाँव में आराम कर रहे थे। उसकी एक डाल पर गौरैया के जोड़े ने अपना छोटा–सा घोंसला बनाया हुआ था। गौरैया ने वहाँ कुछ अंडे दिए थे, और वह जोड़ा बहुत खुश था।
एक दोपहर में एक जंगली और शरारती हाथी वहाँ से गुजरा। दूसरों की परवाह किए बिना, उसने पेड़ की एक बड़ी डाल हिलाई और तोड़ दी। गौरैया का घोंसला जमीन पर गिर गया, और उनके अंडे टूट गए।
गौरैया का दिल टूट गया। वे अपने दोस्त, कठफोड़वे के पास उड़ीं और उसे बताया कि क्या हुआ था। कठफोड़वे को उन पर तरस आया और उसने कहा, "चिंता मत करो। मेरे दोस्त, एक मक्खी और एक मेंढक, हाथी को सबक सिखाने में हमारी मदद करेंगे।" अगले दिन, हाथी उसी रास्ते से जा रहा था।
मक्खी उसके कानों के पास जोर–जोर से भिनभिनाने लगी, जिससे वह परेशान हो गया। उसी पल, कठफोड़वा उड़कर आया और हाथी की आँखों पर जोर से चोंच मारी। हाथी दर्द से चिल्लाया और ठीक से देख नहीं पा रहा था। उसने अपना चेहरा धोने के लिए कुछ पानी खोजने के बारे में सोचा। तभी, उसे पास में एक मेंढक की टर्टराहट सुनाई दी।
हाथी ने सोचा कि यह तालाब है, इसलिए वह आवाज के पीछे गया। लेकिन पानी के बजाय, वह एक कीचड़ भरे दलदल में चला गया और फंस गया। डरा हुआ हाथी चिल्लाया, "कोई मेरी मदद करो! मैंने क्या गलत किया है?" मेंढक बोला और उसे टहनी तोड़ने और गौरैया के अंडे नष्ट करने की बात याद दिलाई। हाथी को अपनी गलती समझ आ गई और उसे शर्म आई। उसने वादा किया कि वह फिर कभी किसी जानवर को चोट नहीं पहुँचाएगा।

नैतिक शिक्षाः *कमजोर भी मिलकर ताकतवर को हरा सकते हैं।*

52 बंदर और मगरमच्छ

एक नदी के किनारे चेरी का पेड़ था। उस पेड़ पर एक बंदर खुशी–खुशी रहता था और उसकी मीठी लाल चेरी खाने का मजा लेता था। एक दिन, नदी से एक मगरमच्छ निकला और बंदर की तरफ देखा। "मुझे बहुत भूख लगी है," उसने कहा। "क्या तुम मुझे कुछ खाने को दे सकते हो?" बंदर दयालु था। उसने कुछ पकी चेरी तोड़ी और मगरमच्छ को फेंक दीं। मगरमच्छ को रसीले फल बहुत पसंद आए। उस दिन के बाद, वह रोज आने लगा, और बंदर ने उसके साथ चेरी शेयर की। जल्द ही, वे दोस्त बन गए।
एक शाम, मगरमच्छ अपनी पत्नी के लिए कुछ चेरी घर ले गया। उसने उन्हें चखा और कहा, "ये फल बहुत मीठे हैं! अगर बंदर इन्हें रोज खाता है, तो उसका दिल और भी मीठा होगा। मैं उसका दिल खाना चाहती हूँ।" वह अपने पति से बंदर को अपने पास लाने के लिए कहती रही। मगरमच्छ अपने दोस्त को चोट नहीं पहुँचाना चाहता था, लेकिन आखिरकार, वह मान गया। अगली सुबह, वह बंदर के पास गया और कहा, "मेरी पत्नी तुमसे मिलना चाहती है। उसने तुम्हें हमारे घर खाने पर बुलाया है। कृपया मेरी पीठ पर बैठ जाओ, और मैं तुम्हें नदी पार करा दूँगा।"
बंदर ने उस पर भरोसा किया और उसकी पीठ पर बैठ गया। वे नदी पार करने लगे। नदी के बीच में, मगरमच्छ को बुरा लगा और उसने बंदर को असली वजह बताई। उसने माना, "मेरी पत्नी तुम्हारा दिल खाना चाहती है।" बंदर हैरान रह गया लेकिन शांत रहा। उसे तुरंत एक चालाक उपाय आया। उसने कहा, "ओह डियर!" "मैंने अपना दिल पेड़ पर लटका दिया है। मैं इसे हर समय अपने साथ नहीं रखता। कृपया मुझे वापस ले चलो ताकि मैं इसे ला सकूँ।" मगरमच्छ ने उसकी बात मान ली और तैरकर वापस किनारे पर आ गया। जैसे ही वे नदी के किनारे पहुँचे, बंदर कूद गया और पेड़ पर ऊँचा चढ़ गया।
एक सुरक्षित डाल से उसने आवाज लगाई, "तुम सच्चे दोस्त नहीं हो। एक सच्चा दोस्त कभी भी नुकसान पहुँचाने की कोशिश नहीं करेगा। चले जाओ!" मगरमच्छ को शर्म आई और वह अकेला तैरकर वापस चला गया।

नैतिक शिक्षाः *एक सच्चा दोस्त कभी भी दोस्त को नुकसान नहीं पहुँचाता है।*

53 भेड़िये का मिथ्या दोषारोपण

एक दोपहर, एक भेड़िया जंगल की नदी में ठंडा पानी पी रहा था। थोड़ी देर बाद, उसी नदी के पास एक छोटा–सा मेमना आया। वह थोड़ी दूर खड़ा हो गया और चुपचाप पानी पीने लगा।

भेड़िया भूखा था और मेमने को खाना चाहता था। लेकिन वह उसे दोष देने का बहाना ढूंढ रहा था। वह गुर्राया, "मैं जो पानी पी रहा हूँ उसे गंदा क्यों कर रहे हो?"

मेमने ने प्यार से जवाब दिया, "महाशय, यह सच नहीं हो सकता। पानी वहाँ से बहकर मेरे पास आ रहा है जहाँ आप खड़े हैं। मैं आपका पानी गंदा नहीं कर सकता।"

भेड़िये ने अपने दाँत दिखाए और कहा, "तो फिर तुमने मेरे बारे में बुरा क्यों कहा?"

मेमने ने काँपती हुई आवाज में जवाब दिया, "मैंने तुम्हारे बारे में कभी कुछ नहीं कहा।" भेड़िया और गुस्सा हो गया। "तुमने पिछले साल मेरे साथ बदतमीजी की थी!" वह फिर चिल्लाया।

मेमने ने दुखी होकर कहा, "लेकिन महाशय, मैं तो पिछले साल पैदा भी नहीं हुआ था।" भेड़िये ने झट से जवाब दिया, "अगर तुमने नहीं, तो तुम्हारी माँ ने किया होगा। तुम्हें इसकी सजा मिलेगी।" बिना एक और बात सुने, बेरहम भेड़िये ने बेचारे मेमने पर झपट्टा मारा और उसे मार डाला।

नैतिक शिक्षाः *क्रूर लोग तर्क नहीं सुनते हैं।*

54 शिकारी और शेर

एक सुबह, एक शिकारी अपना धनुष–बाण लेकर जंगल में घुसा। वह जानवरों को ढूंढते हुए जंगल में और आगे बढ़ता गया। कुछ देर बाद, उसे लगातार "टप–टप" की आवाज सुनाई दी। उत्सुक होकर, वह आवाज का पीछा करने लगा और उसे एक लकड़हारा अपनी कुल्हाड़ी से पेड़ काटते हुए मिला।

शिकारी उसके पास गया और पूछा, "क्या तुमने यहाँ आस–पास कहीं शेर देखा है?" लकड़हारे ने जवाब दिया, "मैंने खुद शेर को नहीं देखा है, लेकिन मैंने जमीन पर उसके पैरों के निशान देखे हैं। इसका मतलब है कि शेर दूर नहीं हो सकता। मेरे साथ आओ, और मैं तुम्हें दिखाता हूँ कि मैंने उन्हें कहाँ देखा था।"

शिकारी मान गया और लकड़हारे के साथ थोड़ी दूर तक चला। लेकिन जैसे–जैसे वे जंगल में और अंदर गए, शिकारी को डर लगने लगा। उसका दिल तेजी से धड़कने लगा। उसे पसीना आने लगा और वह बहुत बेचैन महसूस करने लगा।

एक पल बाद, वह रुका और बोला, "कोई बात नहीं। मुझे बस यह जानकर तसल्ली है कि शेर पास में है। मुझे उसे देखने की जरूरत नहीं है।" बिना और इंतजार किए, डरा हुआ शिकारी मुड़ा और जल्दी से घर वापस चला गया।

नैतिक शिक्षाः *केवल शब्दों से बहादुर नहीं बनना चाहिए।*

खरगोश और मेंढक

एक जंगल में, बहुत सारे खरगोश डरे–सहमे एक साथ रहते थे। शिकारी लगभग हर दिन आते थे और उनमें से कुछ को पकड़ लेते थे। खरगोश हर समय परेशान और दुखी रहते थे।

एक दिन, उनके नेता ने दुखी होकर कहा, "हम अब ऐसे नहीं रह सकते। चलो झील पर चलते हैं और एक साथ पानी में कूदते हैं।"

सभी खरगोश झील की ओर चलने लगे। रात का समय था, और पानी पर चाँद चमक रहा था। झील के किनारे बहुत सारे मेंढक उछल–कूद कर रहे थे और खेल रहे थे।

जैसे ही मेंढकों ने खरगोशों को पास आते देखा, वे डर गए। जल्दी में, वे छिपने के लिए पानी में कूद गए।

खरगोश रुक गए और हैरानी से देखने लगे।

फिर उनके नेता ने कहा, "क्या तुमने देखा कि मेंढक हमसे कैसे डर रहे थे? उन्हें भी वैसा ही डर लगता है जैसा हमें शिकारियों को देखकर लगता है।

जब हमें लगता है कि दूसरे और भी ज्यादा डरे हुए हैं, तो हमारा अपना डर कम हो जाता है। चलो हार नहीं मानते। चलो घर वापस चलते हैं।" यह सुनकर, खरगोशों की हिम्मत बढ़ गई। वे मुड़े और एक साथ जंगल में लौट आए।

नैतिक शिक्षाः उम्मीद नहीं छोड़नी चाहिए।

खरगोश और जंगली कुत्ता

एक जंगल में, एक खरगोश की दोस्ती एक जंगली कुत्ते से हो गई। वे रोज मिलते थे और शाम तक खुशी–खुशी साथ खेलते थे।

एक दिन, जब वे खेल रहे थे, तो जंगली कुत्ते ने अचानक खरगोश के पैर में जोर से काट लिया। खरगोश दर्द से चिल्लाया और उसे लगा कि शायद वह बच नहीं पाएगा।

काटने के बाद, कुत्ता चुपचाप खरगोश का घाव चाटने लगा।

खरगोश कन्फ्यूज हो गया और उसने पूछा, "तुमने पहले मुझे चोट क्यों पहुँचाई और फिर मुझे आराम देने की कोशिश क्यों की? इसका क्या मतलब है?"

कुत्ते ने कुछ नहीं कहा।

खरगोश ने एक पल सोचा और फिर शांति से बोला, "अगर तुम एक सच्चे और दयालु दोस्त नहीं बन सकते, तो हमारे लिए अलग–अलग रास्ते जाना बेहतर है। साथ रहकर एक–दूसरे को चोट पहुँचाने से बेहतर है कि शांति से अलग हो जाएँ।" कुत्ता चुप रहा और सिर्फ उसे देखता रहा।

नैतिक शिक्षाः एक झूठे मित्र से अच्छा है, मित्र ही न बनाये।

57 साँप और किसान

एक गरीब किसान रहता था। वह सुबह से शाम तक काम करता था, फिर भी उसकी जमीन से अच्छी फसल नहीं होती थी। एक दोपहर, वह अपने खेत में एक पेड़ के नीचे बैठा था। उसने देखा कि पेड़ के तने में एक बिल में एक साँप रह रहा है। किसान ने सोचा, "शायद यह साँप मेरे खेत की रखवाली करता है।

अगर मैं इसका आदर करूँ, तो शायद मेरी फसलें अच्छी उगेंगी।" अगली सुबह, उसने बिल के पास दूध का एक कटोरा रखा और प्यार से कहा, "हे साँप, इसे स्वीकार करो और मेरे खेत को आशीर्वाद दो।" साँप बाहर आया, दूध पिया, और जाने से पहले, कटोरे के पास एक सोने का सिक्का गिरा दिया।

किसान हैरान और बहुत खुश हुआ। हर दिन ऐसा ही होता था। उसने दूध चढ़ाया, और साँप ने एक सोने का सिक्का छोड़ दिया। कुछ समय बाद, किसान को शहर जाना पड़ा। जाने से पहले, उसने अपने बेटे से कहा, "याद रखना कि रोज साँप को दूध देना।" बेटे ने अपने पिता की बात मानी।

जब उसने साँप को एक सोने का सिक्का छोड़ते देखा, तो उसे लालच आ गया। उसने सोचा, "अगर साँप रोज एक सोने का सिक्का देता है, तो उसके बिल में जरूर बहुत सारे सिक्के होंगे।

मैं साँप को मारकर सब ले लूँगा।" अगले दिन, जब साँप दूध पीने के लिए बाहर आया, तो बेटे ने उसे डंडे से मारा। साँप तेजी से खिसक गया, लेकिन भागने से पहले उसने लड़के को काट लिया। लालची बेटे को अपनी बुरी योजना का खामियाजा भुगतना पड़ा।

नैतिक शिक्षाः लालच समस्याओं को जन्म देती है।

58 व्यापारी और लोहे का तराजू

एक व्यापारी एक छोटे से गाँव में रहता था। एक दिन, उसने नया व्यापार शुरू करने के लिए पास के शहर जाने को सोचा। जाने से पहले, उसने अपना भारी लोहे का तराजू एक करीबी दोस्त के पास सुरक्षित रखने के लिए छोड़ दिया। एक साल बाद, व्यापारी गाँव लौट आया। वह अपने दोस्त के पास गया और कहा, "कृपया मुझे मेरा लोहे का तराजू वापस दे दो।"

लेकिन दोस्त ने झूठ बोला। उसने कहा, "मेरे घर में बहुत सारे चूहे थे। उन्होंने तुम्हारा लोहे का तराजू चबाकर खा गिये।" व्यापारी अच्छी तरह जानता था कि चूहे लोहा नहीं खा सकते। फिर भी, उसने बहस नहीं की। वह चुप रहा और एक योजना बनायी। कुछ देर बाद, उसने अपने दोस्त से कहा, "मैं तुम्हारे लिए एक खास तोहफा लाया हूँ। कृपया अपने बेटे को मेरे साथ भेज दो, ताकि मैं उसे दे सकूँ।" दोस्त ने उस पर भरोसा किया और अपने बेटे को भेज दिया।

व्यापारी ने लड़के को अपने घर पर सुरक्षित रखा। जब लड़का शाम तक वापस नहीं आया, तो परेशान होकर पिता ने व्यापारी के पास गया और पूछा, "मेरा बेटा कहाँ है?"

व्यापारी ने शांति से जवाब दिया, "जब हम चल रहे थे, तो एक बाज उड़कर आया और तुम्हारे बेटे को ले गया।" दोस्त गुस्सा हो गया और बोला, "बाज एक बड़े लड़के को कैसे ले जा सकता है?"

व्यापारी ने धीरे से जवाब दिया, "अगर चूहे लोहे का तराजू खा सकते हैं, तो बाज जरूर एक लड़के को ले जा सकता है।"

दोस्त समझ गया कि उसका झूठ सामने आ गया है। शर्मिंदा होकर उसने लोहे का तराजू वापस कर दिया। फिर व्यापारी ने उसके बेटे को सुरक्षित घर वापस भेज दिया।

नैतिक शिक्षाः बेईमानी से शर्मिंदगी आती है।

तीतर और खरगोश

एक बार एक तीतर ने पेड़ के नीचे एक छोटी–सी आरामदायक जगह में अपना घर बना लिया। एक दिन, वह खाना ढूंढने के लिए उड़ गया। उसे स्वादिष्ट अनाज से भरा एक खेत मिला और वह कई दिनों तक वहीं रहा, मजे करता रहा। कुछ हफ्तों के बाद, तीतर ने घर लौटने का फैसला किया। लेकिन जब वह अपने घर पहुँचा, तो वह अंदर एक खरगोश को देखकर हैरान रह गया।

"यह मेरा घर है," तीतर ने कहा। "तुम्हें तुरंत यहाँ से जाना होगा।"

खरगोश ने शांति से जवाब दिया, "घर उसी का होता है जो उसमें रहता है। अब मैं यहाँ रहता हूँ, इसलिए यह मेरा है।"

वे बहस करते रहे और सहमत नहीं हो सके। आखिरकार, उन्होंने एक समझदार बूढ़ी बिल्ली से अपने मामले का फैसला करने के लिए तैयार हो गये।

बिल्ली ने दोनों पक्षों की बात ध्यान से सुनी। लेकिन उनकी मदद करने के बजाय, उसने चुपके से उन्हें धोखा देने की योजना बनाई। उसने धीरे से कहा, "मैं बहुत बूढ़ी हो गई हूँ और मेरे कान कमजोर हैं। कृपया पास आओ और जोर से बोलो।"

तीतर और खरगोश पास आए। बिल्ली ने फिर कहा, "मैं अभी भी तुम्हारी बातें नहीं सुन पा रही हूँ, और पास आओ।" उसकी बातों पर भरोसा करके वे बिल्ली के बहुत करीब चले गए। अचानक, उसने उन पर हमला कर दिया और दोनों को खा गई।

नैतिक शिक्षा: *किसी पर भरोसा करने से पहले विचार करो।*

शहर और गाँव का चूहा

एक छोटा चूहा एक शांत गाँव में रहता था। एक दिन, शहर से उसका चचेरा भाई उससे मिलने आया। शहर के चूहे ने इधर–उधर देखा और कहा, "गाँव की जिंदगी नीरस होती है। शहर में, बड़े–बड़े घर होते हैं और खाने के लिए बहुत सारा स्वादिष्ट भोजन होता है!"

जाने से पहले, शहर के चूहे ने गाँव के चूहे को शहर में आकर उससे मिलने और अपनी शानदार जीवनशैली का मजा लेने के लिए बुलाया। कुछ दिनों बाद, गाँव के चूहे ने मिलने का फैसला किया। शहर का चूहा एक अमीर व्यापारी के बड़े घर के रसोईघर में रह रहा था।

उस रात, उन्हें स्वादिष्ट भोजन से भरी प्लेटें मिलीं जिसमें चीज, ब्रेड और मिठाई थी। वे खुशी–खुशी खाने लगे। अचानक, जोर–जोर से भौंकने की आवाज आयी। दो बड़े कुत्ते रसोईघर में घुस आए।

डर से काँपते हुए, गाँव के चूहे ने फुसफुसाया, "यह भयानक आवाज क्या थी?" शहर के चूहे ने धीरे से जवाब दिया, "ये मालिक के कुत्ते हैं। वे घर की रखवाली करते हैं।"

जब सब कुछ फिर से शांत हो गया, तो दोनों चूहे बाहर आए और अपने भोजन पर लौट गए। लेकिन गाँव का चूहा अभी भी घबराया हुआ था। उसने कहा, "क्या यही वो शानदार जिंदगी है जिसके बारे में तुमने कहा था? तुम्हारे पास भले ही अच्छा खाना हो, लेकिन तुम्हें खतरा और डर भी है। मुझे गाँव में सादा खाना ज्यादा पसंद है, जहाँ मैं शांति से रह सकूँ।" इसके तुरंत बाद, गाँव का चूहा अपने घर वापस चला गया और बिना किसी चिंता के खुशी–खुशी रहने लगा।

नैतिक शिक्षा: *डर से भरी जिंदगी से बेहतर है–सादा जीवन।*

61 बेईमान सियार

एक जंगल में एक बहुत चालाक लेकिन बेईमान सियार रहता था। लगभग हर रात, वह पास के एक गाँव में घुस जाता और खाना चुरा लेता।

गाँव वाले परेशान थे और उन्होंने चोर को पकड़ने की बहुत कोशिश की, लेकिन सियार उनसे बहुत चालाक था।

एक रात, वह फिर से चोरी करने गया। उसने देखा कि गाँव वाले अभी भी जाग रहे थे और चोर को ढूँढ़ रहे थे। उसने जल्दी से कुछ खाना उठाया और पास में छिप गया।

थोड़ी देर बाद, उसने एक सज्जन साधु को जंगल की ओर जाते देखा। सियार ने कमजोर होने का नाटक किया और धीरे से कहा, "महोदय, मैं बहुत बीमार हूँ। कृप्या मुझे अपने थैले में जंगल तक पहुँचाकर मेरी मदद करें।"

साधु को दया आ गई और वह मान गया। उसने सियार को अपने थैले में रखा और चलने लगा।

रास्ते में, जंगल पहुँचने से पहले, सियार ने चुपके से चोरी का खाना साधु के थैले में रख दिया। फिर वह चुपचाप बाहर कूद गया और अंधेरे में भाग गया। भागते समय, वह जोर से चिल्लाया, "जिस आदमी के पास थैला है, वह चोर है!" गाँव वालों ने उसकी चीख सुनी और साधु को रोक लिया। जब उन्होंने उसकी थैला की तलाशी ली, तो उन्हें चोरी का खाना मिला। उन्हें लगा कि वही चोर है। बेचारे साधु को इसलिए तकलीफ हुई, क्योंकि उसने बिना ध्यान दिए सियार पर भरोसा कर लिया था।

नैतिक शिक्षाः अपरिचितों की मदद करने से पहले विचार करें।

62 मुर्गा और हार

एक मुर्गा एक किसान के खेत में खुशी–खुशी रहता था। हर दिन, किसान उसे खूब सारा अनाज खिलाता था। एक दिन, किसान को दूसरे गाँव जाना था। जाने से पहले, उसने अपने पड़ोसी से कहा, "कृपया मेरे मुर्गे का ध्यान रखना और मेरे लौटने तक उसे खाना देना।"

पड़ोसी मान गया, लेकिन उसने अपना वादा नहीं निभाया। उसने मुर्गे को पिछवाड़े में घूमने दिया लेकिन उसे खाना खिलाना भूल गया। जल्द ही, मुर्गे को बहुत भूख लगी।

वह अपने पंजों से जमीन खुरचने लगा, खाने के लिए बीज और छोटे कीड़े ढूंढने लगा। मिट्टी खोदते समय, उसे अचानक कुछ चमकता हुआ मिला। यह एक सोने का हार था जिसमें सात चमकीले हीरे धूप में चमक रहे थे।

मुर्गे ने उसे ध्यान से देखा और सोचा, "यह हार बहुत महंगा होगा। यह किसी को अमीर बना सकता है। लेकिन मैं सोना या हीरे नहीं खा सकता। अभी, मेरे लिए मुट्ठी भर मक्का ज्यादा कीमती है।" इसलिए, उसने हार को एक तरफ धकेल दिया और खाना ढूंढना जारी रखा।

नैतिक शिक्षाः चीजें तभी कीमती होती हैं जब वे उपयोगी हों।

63 बंदर और सपेरा

एक सपेरा गाँव–गाँव घूमकर जानवरों के करतब दिखाकर पैसे कमाता था। एक चालाक बंदर भी उसकी मदद करता था और लोगों का मनोरंजन करता था।

लेकिन सपेरे को बंदर पर कोई दया नहीं आती थी। एक रात, उसने बंदर के साथ बहुत बुरा बर्ताव किया और उसे पीटा। दुखी और डरा हुआ बंदर जंगल में भाग गया।

सपेरे को कोई अफसोस नहीं हुआ और वह अकेले ही अपना करतब दिखाता रहा। लेकिन कुछ दिनों के बाद, देखने वाले लोग कम होते गए। उन्हें उस बंदर की याद आने लगी।

यह जानकर, सपेरा उसे ढूंढने जंगल में चला गया। बहुत देर तक ढूंढने के बाद, उसने बंदर को एक आम के पेड़ पर बैठे देखा। उसने धीरे से पुकारा, "प्यारे बंदर, कृपया मेरे साथ वापस आओ। चलो घर चलते हैं।"

बंदर ने मजबूती से जवाब दिया, "नहीं। तुम्हें मेरी याद नहीं आती; तुम मुझे सिर्फ इसलिए चाहते हो क्योंकि लोगों को मेरे करतब पसंद हैं और तुम पैसे कमाना चाहते हो, चले जाओ।" सपेरा अकेला घर लौट आया। उसे आखिरकार समझ में आया कि इंसानों की तरह जानवरों को भी दया और सम्मान की जरूरत होती है।

नैतिक शिक्षाः सभी के साथ प्यार से पेश आओं।

64 राजा और ज्योतिषी

बहुत पहले की बात है, एक ज्योतिषी था जो सही भविष्य बताने के लिए जाना जाता था। लोग उसकी बातों पर बहुत भरोसा करते थे।

एक दिन, राजा ने उसे महल में बुलाया। राजा ने कहा, "मुझे चिंता हो रही है कि मेरे साथ क्या होने वाला है। मुझे बताओ कि मेरा भविष्य कैसा होगा?"

ज्योतिषी ने प्यार से जवाब दिया, "महाराज, मैं सबसे पहले आपकी जिंदगी में होने वाली अच्छी बातों के बारे में बताऊँगा।" उसने राजा के लिए होने वाली कई अच्छी घटनाओं और आशीर्वादों के बारे में बताया। उसके बाद, उसने कुछ मुश्किल समय का भी जिक्र किया जो आ सकते थे।

बुरी बातें सुनकर राजा को गुस्सा आया। उसने गुस्से से कहा, "अगर तुम सच में समझदार हो, तो मुझे बताओ कि तुम कब मरोगे?"

ज्योतिषी को एहसास हुआ कि राजा उसकी परीक्षा ले रहा है और उसकी जान खतरे में पड़ सकती है। उसने एक पल सोचा और ध्यान से जवाब दिया, "महाराज, मैं आपसे एक दिन पहले गुजर जाऊँगा।"

राजा इस चालाक जवाब से खुश हुआ। उसका गुस्सा गायब हो गया, और उसने ज्योतिषी को सोने के सिक्के और कीमती गहने इनाम में दिए।

नैतिक शिक्षाः बोलने से पहले सोचो।

65 चतुर लोमड़ी और बकरी

पतझड़ की एक दोपहर, एक लोमड़ी जंगल में घूम रही थी। जमीन सूखी, कुरकुरी पत्तियों से ढकी हुई थी। लोमड़ी खुश थी और चलते हुए धीरे–धीरे गा रही थी।

अचानक, उसका पैर पत्तियों पर फिसला, और वह एक गहरे कुएं में गिर गई। वह डर गई और ठंडे पानी में कांपने लगी। "ओह मित्र!" वह चिल्लाई। "पत्तियों ने कुएं को छिपा दिया, और अब मैं फंस गई हूँ। शायद मैं कभी बाहर न निकल पाऊँ!"

तभी, एक जंगली बकरी वहाँ से गुजरी। लोमड़ी ने तुरंत भागने का रास्ता सोच लिया।

वह जोर से चिल्लाई, "यह पानी बहुत मीठा है—अमृत जैसा! यह एक गुप्त जगह है, और किसी को इसके बारे में पता नहीं चलना चाहिए।" बकरी को उत्सुकता हुई और वह पास गई।

"क्या यह सच है? क्या मैं भी पानी का स्वाद ले सकती हूँ?" उसने पूछा।

लोमड़ी ने जवाब दिया, "जरूर! कूदो और इसका मजा लो। लेकिन याद रखना कि किसी और को मत बताना।"

बिना ज्यादा सोचे, बकरी कुएं में कूद गई। एक झटके में लोमड़ी बकरी की पीठ पर चढ़ गई, किनारे तक कूद गई और भाग निकली। बकरी को धन्यवाद दिए बिना ही वह जंगल में भाग गई। बेचारी बकरी कुएं के अंदर फंस गई।

नैतिक शिक्षाः *अपरिचितों पर आसानी से भरोसा न करें।*

66 चीता और लोमड़ी

एक जंगल में, एक चीता और एक लोमड़ी पक्के दोस्त की तरह रहते थे। वे अपना दिन जंगल में साथ घूमते और खाना ढूंढते हुए बिताते थे।

एक दिन, वे एक नदी के पास टहल रहे थे। चीते ने साफ पानी में अपनी परछाई देखी। वह गर्व से मुस्कुराया और बोला, "देखो मैं कितना सुंदर हूँ! मेरे चमकदार बाल और सुंदर धब्बे मुझे बहुत शानदार दिखाते हैं।"

लोमड़ी ने अपनी परछाई देखी और जवाब दिया, "मैं भी अच्छा दिखता हूँ। मेरी लंबी, रोएँदार पूंछ देखो—यह बहुत सुंदर है।"

चीते ने सिर हिलाया और कहा, "नहीं, मैं तुमसे ज्यादा सुंदर हूँ। मेरा चमकीला बाल धूप में चमकता है।"

जल्द ही, उनकी दोस्ताना बातचीत झगड़े में बदल गई। चीता अपने धब्बों और अपने अच्छे दिखने के बारे में शेखी बघारता रहा। आखिरकार, लोमड़ी ने बहस करना बंद कर दिया। उसने धीरे से और समझदारी से कहा, "ठीक है, तुम मुझसे ज्यादा सुंदर हो सकते हो, लेकिन मैं तुमसे ज्यादा चालाक हूँ। एक तेज दिमाग एक अच्छे दिखने वाले शरीर से ज्यादा कीमती होता है।" चीते के पास कहने के लिए और कुछ नहीं था।

नैतिक शिक्षाः *सुन्दरता से बुद्धिमत्ता बेहतर है।*

67 खगोलशास्त्री और कुआँ

बहुत पहले, एक आदमी रहता था जिसे तारों को देखना बहुत पसंद था। वह एक खगोलशास्त्री था और हर दिन घंटों आसमान को देखता रहता था। चमकते तारे और चमकीले ग्रह उसे देखने में सबसे ज्यादा पसंद थे।

वह आसमान को देखने में इतना व्यस्त था कि उसे अपने आस–पास की चीजों पर बिल्कुल भी ध्यान नहीं रहता था। एक साफ रात में, वह अपने बगीचे में खड़ा होकर एक चमकते तारे को देख रहा था। लेकिन ऊँचे पेड़ों की वजह से उसका नजारा ठीक से नहीं दिख रहा था। इसलिए, उसने पास के एक खुले मैदान में चलने का फैसला किया, जहाँ से वह आसमान को बेहतर देख सकता था।

अपना टेलिस्कोप पकड़े हुए, वह आगे बढ़ा। हालाँकि, उसकी नजर ऊपर के तारों पर ही टिकी थी। वह अपने पैरों के नीचे का रास्ता देखना भूल गया। अचानक, उसका संतुलन बिगड़ गया और वह एक गहरे कुएँ में गिर गया।

वह मदद के लिए जोर–जोर से चिल्लाया। पास से गुजर रहे एक आदमी ने उसकी आवाज सुनी और जल्दी से वहाँ पहुँचा। बड़ी मुश्किल से, उस आदमी ने उसे कुएँ से बाहर निकाला। उसे बचाने के बाद, उस आदमी ने प्यार से कहा, "तारों को देखना बहुत बढ़िया है, लेकिन चलते समय तुम्हें जमीन पर भी ध्यान देना चाहिए।" खगोलशास्त्री शर्मिंदा हुआ और उसे अपनी गलती का एहसास हुआ। उस दिन से उसने सावधान रहना सीख लिया।

नैतिक शिक्षाः *अपने आस–पास की चीजों पर ध्यान दें।*

68 किसान और लोमड़ी

एक किसान के पास एक बहुत बड़ा खेत था। उसके आँगन में बहुत सारी मुर्गियाँ और एक गधा भी था। एक शाम, किसान अपनी खाट पर परेशान बैठा था। उसकी पत्नी ने उसका उदास चेहरा देखा और पूछा, "तुम इतने परेशान क्यों हो?" उसने जवाब दिया, "एक लोमड़ी हर दिन चुपके से आती है और हमारी एक मुर्गी उठा ले जाती है। अगर ऐसा ही चलता रहा, तो हमारे पास एक भी मुर्गी नहीं बचेगी।" कुछ दिन सोचने के बाद, किसान ने लोमड़ी को पकड़ने का फैसला किया। उसने मुर्गीघर के पास एक जाल बिछाया।

एक रात देर से, लोमड़ी पकड़ी गई। किसान को बहुत गुस्सा आया। "अब तुम्हें सबक मिलेगा!" वह चिल्लाया। गुस्से में, उसने लोमड़ी की पूंछ पर कपड़े का एक टुकड़ा बाँधा और उसमें आग लगा दी।

लोमड़ी डर गई। जलते हुए कपड़े से बचने की कोशिश में, वह आँगन में और खेतों में बेतहाशा भागी।

जैसे ही लोमड़ी उनके बीच से भागी, सूखी फसलों में आग लग गई। जल्द ही, आग हर जगह फैल गई। कुछ ही समय में, किसान के खेत का एक बड़ा हिस्सा जल गया। जब आग आखिरकार बुझी, तो किसान ने अपनी जली हुई फसल को देखा और उसे बहुत अफसोस हुआ। उसे एहसास हुआ कि उसके गुस्से ने उसे बहुत नुकसान पहुँचाया है। उस दिन से, उसने अपने गुस्से पर काबू रखने का फैसला किया।

नैतिक शिक्षाः *क्रोध से नुकसान होता है।*

69 लड़के और मेंढक

बारिश के मौसम में, गाँव के स्कूल बंद हो जाते थे। बारिश का पानी खेतों में भर जाता था और हर जगह कई छोटे–छोटे तालाब बन जाते थे।

गाँव के कुछ शरारती लड़कों के पास करने के लिए कुछ नहीं था, इसलिए वे मजे की तलाश में इधर–उधर घूमते रहते थे। एक दिन, वे एक छोटे से तालाब के पास बैठकर गाने गाते और कहानियाँ सुनाते थे।

कुछ समय बाद, वे बोर हो गए और कुछ नया करने की तलाश में लग गए।

उन्होंने देखा कि तालाब में बहुत सारे मेंढक कूद रहे थे और तैर रहे थे। एक लड़के ने सुझाव दिया, "चलो मेंढकों पर पत्थर फेंकते हैं और देखते हैं कि कौन सबसे ज्यादा पत्थर मारता है!"

दूसरे भी मान गए और पानी में पत्थर फेंकने लगे। कई मेंढकों को पत्थर लगे, और कुछ बुरी तरह घायल हो गए। एक बूढ़ा मेंढक जोर से चिल्लाया, "रुको! जो तुम्हें मजेदार लग रहा है, वह हमें बहुत दर्द दे रहा है। कृपया सिर्फ अपने मजे के लिए दूसरों को चोट मत पहुँचाओ।"

यह सुनकर लड़कों को शर्म आई। उन्हें एहसास हुआ कि उन्होंने कुछ गलत किया है और वे चुपचाप चले गए।

नैतिक शिक्षाः *मनोरंजन के लिए दूसरों को चोट नहीं पहुँचाना चाहिए।*

70 किसान और शेर

एक अमीर किसान के पास बड़े खेत, बहुत सारी गायें और बहुत सारी भेड़ें थीं। उसका खेत जंगल के पास था, इसलिए छोटे जानवर अक्सर उसके खेत में आ जाते थे।

एक दिन, एक शेर किसान के आँगन में आ गया। उसे देखकर किसान डर गया।

वह चुपचाप, गेट पर गया और उसे कसकर बंद कर दिया, जिससे शेर अंदर फँस गया। फिर वह जल्दी से अपने घर वापस आया और छिप गया।

शेर अंदर बंद होने की वजह से बहुत गुस्सा हो गया। गुस्से में उसने मवेशियों पर हमला कर दिया और कई फसलें बर्बाद कर दीं।

किसान ने नुकसान देखकर और भी डर गया। आखिर में, वह दूसरे गेट की तरफ भागा और उसे खोल दिया। शेर बाहर भागा और जंगल में लौट गया।

जब सब कुछ शांत हो गया, तो किसान बाहर निकला। उसने देखा कि कई जानवर घायल हो गए थे और उसकी बहुत सारी फसल बर्बाद हो गई थी। वह रोने लगा।

उसकी पत्नी ने धीरे से कहा, "शुक्र करो कि तुम सुरक्षित हो। लेकिन यह इसलिए हुआ, क्योंकि तुमने शेर को अंदर बंद कर दिया था। तुम्हें उसे फँसाने के बजाय भगा देना चाहिए था।"

नैतिक शिक्षाः *गलत निर्णय से परेशानी आ जाती है।*

बातूनी कछुआ

बहुत पहले, दो हंस और एक कछुआ एक शांत झील में साथ रहते थे। वे पक्के दोस्त थे और झील के पास खुशी–खुशी अपना दिन बिताते थे। जब गर्मियां आईं, तो तेज धूप से झील सूखने लगी। दिन–प्रति–दिन पानी का स्तर कम होता गया। हंसों को पता था कि उन्हें जल्द ही वहां से निकलकर दूसरी झील ढूंढनी होगी। कछुआ परेशान था क्योंकि वह अपने दोस्तों की तरह उड़ नहीं पा रहा था। वह पीछे नहीं रहना चाहता था।

थोड़ी देर सोचने के बाद, कछुए ने एक योजना बतायी। उसने कहा, "एक मजबूत छड़ी लाओ।" "तुम दोनों छड़ी के सिरे अपनी चोंच में पकड़ सकते हो, और मैं बीच वाले हिस्से को अपने मुंह से पकड़ लूंगा। इस तरह, तुम मुझे नई झील तक ले जा सकते हो।"

हंस मान गए लेकिन उसे एक चेतावनी दी। उन्होंने कहा, "तुम्हें बात करना पसंद है।" "अगर हम उड़ रहे हैं तो तुमने अपना मुंह खोला, तो तुम गिर जाओगे।" कछुए ने वादा किया, "मैं एक भी शब्द नहीं बोलूंगा।" अगली सुबह, उन्होंने अपना सफर शुरू किया।

हंस कछुए को लेकर आसमान में ऊंची उड़ान भरने लगे। कछुआ ऊपर से पेड़, नदियाँ और खेत देखकर हैरान रह गया। जैसे ही वे दूसरी झील के ऊपर से उड़े, कछुआ बहुत उत्सुक महसूस कर रहा था। बिना सोचे–समझे, उसने बोलने की कोशिश की।

"वाह! देखो"– लेकिन जैसे ही उसने अपना मुँह खोला, उसकी पकड़ ढीली हो गई और वंह नीचे गिर गया। खुशकिस्मती से, वह सीधे नीचे झील में गिरा और सुरक्षित रहा। कछुआ शर्मिंदा महसूस कर रहा था। उसे एहसास हुआ कि उसे अपना वादा निभाना चाहिए था और अपनी बातों पर नियंत्रण रखना चाहिए था।

नैतिक शिक्षाः ज्यादा बात करने से परेशानी होती है।

सारस और भेड़िया

एक घने जंगल में एक भेड़िया रहता था जो चालाक तो था लेकिन बहुत शैतान भी था। एक दिन, उसे एक मरा हुआ मेमना मिला और वह उसे खाने लगा। चबाते समय अचानक एक नुकीली हड्डी उसके गले में फंस गई। भेड़िया खांसने लगा और हांफने लगा। वह डर गया क्योंकि उसे सांस लेने में मुश्किल हो रही थी।

"अगर कोई मेरी मदद नहीं करेगा, तो मैं मर सकता हूं," उसने घबराकर सोचा।

मदद की तलाश में, भेड़िया पास में खड़े एक सारस के पास गया। उसने धीमी आवाज में कहा, "प्यारे सारस, मेरे गले में एक हड्डी फंस गई है। कृपया इसे बाहर निकालो। मैं वादा करता हूं कि मैं तुम्हें इनाम दूंगा और हमेशा शुक्रगुजार रहूंगा।"

सारस दयालु था और मदद करने के लिए तैयार हो गया। उसने सावधानी से अपनी लंबी गर्दन को आगे बढ़ाया और धीरे से अपनी चोंच भेड़िये के मुंह में डाल दी। बड़ी सावधानी से उसने हड्डी बाहर निकाल ली। भेड़िया फिर से आसानी से सांस ले सका। उसे बहुत अच्छा लगा। फिर, सारस ने प्यार से कहा, "अब जब मैंने तुम्हारी मदद कर दी है, तो क्या मुझे मेरा इनाम मिल सकता है?"

भेड़िया जोर–जोर से हंसने लगा। "इनाम?" उसने कहा। "तुमने अपना सिर मेरे मुँह में डाला, और मैंने तुम्हें काटा नहीं। यही तुम्हारा इनाम है! शुक्र मनाओ कि तुम जिंदा हो। अब चले जाओ इससे पहले कि मैं अपना मन बदल लूँ।" सारस दुखी और निराश हो गया। उसने भेड़िये की मदद की थी, लेकिन भेड़िये ने अपना वादा नहीं निभाया। उस दिन से, सारस को एक सबक समझ में आया।

नैतिक शिक्षाः बुरे लोगों पर भरोसा मत करो।

73 मछली और झील के जीव

एक शांत झील में, एक प्यारी और मदद करने वाली मछली रहती थी। कई दूसरी मछलियाँ और पानी के जीव भी वहाँ खुशी–खुशी रहते थे।

एक साल, बारिश नहीं हुई। सूरज दिन–प्रति–दिन चमकता रहा। जल्द ही, एक भयानक सूखा पड़ने लगा। झील का पानी धीरे–धीरे सूख गया। कई छोटे जीवों की जान चली गई, और कुछ बहुत कमजोर हो गए।

दयालु मछली का दिल टूट गया। वह जानता था कि अगर कुछ नहीं किया गया, तो झील के सभी जीव मर जाएँगे।

वह बचे हुए थोड़े से पानी की सतह पर तैर गया। दिल में उम्मीद के साथ अपने पंख मोड़ते हुए, उसने प्रार्थना की, "हे भगवान, कृपया हमारी मदद करो। बहुत सी जानें खतरे में हैं। कृपया बारिश भेजो और हमें बचाओ।"

उसने ईमानदारी और पक्के विश्वास के साथ प्रार्थना की।

उसकी सच्ची प्रार्थना सुन ली गई। जल्द ही, आसमान में काले बादल छा गए।

गरज के साथ बारिश हुई, और तेज बारिश होने लगी। झील धीरे–धीरे फिर से ताजे पानी से भर गई। मछलियाँ और बाकी सभी जीव बच गए। उनके घर खुशियाँ लौट आईं।

नैतिक शिक्षा: *विश्वास रखें और कभी उम्मीद न छोड़ें।*

74 राजा और कौवे

बहुत पहले की बात है, एक राजा के शाही अस्तबल में कई हाथी थे। एक दिन, उनमें से कुछ बुरी तरह घायल हो गए। राजा ने जल्दी से एक दूत भेजकर शाही जानवरों के डॉक्टर को बुलाया।

दोपहर बहुत गर्मी थी। महल की ओर चलते हुए, डॉक्टर थक गया। उसने एक छायादार पेड़ के नीचे आराम करने का फैसला किया। जब वह वहाँ लेटा था, तो एक टहनी पर बैठे एक कौवे ने गलती से उसके चेहरे पर बीट गिरा दी। डॉक्टर गुस्से में उछल पड़ा और चिल्लाया, "बेवकूफ पक्षी! मैं तुम सबको खत्म कर दूँगा!"

शांत होने के बाद, उसने अपना सफर जारी रखा और जल्द ही महल पहुँच गया। राजा ने उसका स्वागत किया और कहा, "कृपया मेरे घायल हाथियों को ठीक कर दो।" लेकिन डॉक्टर अभी भी जो हुआ था उससे परेशान था। गुस्से में उसने कहा, "महाराज, हाथियों को सिर्फ कौवे की चर्बी से बनी दवा से ही ठीक किया जा सकता है।" राजा ने उसकी बात पर भरोसा किया और सैनिकों को राज्य के सभी कौवों को मारने का आदेश दिया।

सैनिकों ने अपना क्रूर काम शुरू कर दिया। कौओं का सरदार हिम्मत करके महल में गया और विनती की, "महाराज, इसे रोकिए। कौओं में तो चर्बी भी नहीं होती। हम बेकसूर हैं।" यह सुनकर राजा को सच्चाई का एहसास हुआ। वह समझ गया कि डॉक्टर ने गुस्से में झूठ बोला था।

राजा को कौओं पर तरस आया और उसने तुरंत सैनिकों को रोक दिया। उसने शाही डॉक्टर को गुस्से में झूठी बातें कहने के लिए सजा दी।

नैतिक शिक्षा: *क्रोध से नुकसान होता है।*

75 बाघ और सोने का कंगन

बहुत पहले की बात है, जंगल में एक बूढ़ा बाघ रहता था। वह कमजोर हो गया था और अब जानवरों का पीछा करने और उन्हें पकड़ने के लिए ताकतवर नहीं था। एक दिन, वह एक कीचड़ भरे दलदल के पास गया। वहाँ, उसने जमीन पर एक चमकदार सोने का ब्रेसलेट पड़ा देखा। उसके दिमाग में एक चालाक विचार आया।

उसने ब्रेसलेट उठाया और कीचड़ भरे दलदल में बैठ गया। ब्रेसलेट को अपने पंजे में पकड़े हुए, उसने जोर से पुकारा, "यह सोने का ब्रेसलेट किसे चाहिए? यह खास और बहुत कीमती है!"

एक यात्री ने बाघ की आवाज सुनी। जब उसने चमकता हुआ ब्रेसलेट देखा, तो उसका डोल गया। उसने पूछा, "अगर मैं पास आऊँ, तो क्या तुम मुझ पर हमला करोगे?"

बाघ ने धीमी आवाज में कहा, "नहीं, मैं अब बूढ़ा और कमजोर हो गया हूँ। मैं अब किसी को चोट नहीं पहुँचाता।"

यात्री ने उसकी बात पर यकीन कर लिया। वह ब्रेसलेट लेने के लिए दलदल में गया। लेकिन कीचड़ गहरा और मोटा था। जल्द ही, उसके पैर फँस गए। उसने खुद को बाहर निकालने की बहुत कोशिश की, लेकिन वह हिल नहीं सका।

बाघ इसी पल का इंतजार कर रहा था। वह तेजी से उस बेबस यात्री पर झपटा और उसे मार डाला। बाघ ने अपना क्रूर स्वभाव बिल्कुल नहीं बदला था।

नैतिक शिक्षा: *दुष्ट लोगों पर भरोसा नहीं करना चाहिए।*

76 कौवे और सीप

एक दिन, एक कौआ भोजन की तलाश में समुद्र के किनारे घूम रहा था। उसने देखा कि समुद्र की लहरें एक सीप को किनारे पर ले आई हैं। कौए ने सोचा, "इसके अंदर जरूर स्वादिष्ट मांस होगा।"

उसने अपनी चोंच से चोंच मारकर उसे खोलने की कोशिश की। लेकिन उसका खोल बहुत सखत था। वह नहीं खुला।

वह उस पर कूदा भी, लेकिन फिर भी वह नहीं टूटा।

एक और चालाक कौआ वहाँ आया। उसने कहा, "तुम इसे ऐसे नहीं खोल सकते। मैं तुम्हें एक उपाय बताता हूँ। आसमान में ऊँचा उड़ो और सीप को चट्टानों पर गिरा दो। खोल टूट जाएगा।"

भूखे कौए को यह विचार पसंद आया। उसने सीप को उठाया, आसमान में ऊँचा उड़ा, और उसे नीचे चट्टानों पर गिरा दिया।

खोल टूट गया।

लेकिन चालाक कौआ इसी का इंतजार कर रहा था। जैसे ही सीप खुली, उसने जल्दी से मांस अपनी चोंच में लिया और उड़ गया।

बेचारे कौए के पास सिर्फ खाली खोल बचा।

नैतिक शिक्षा: *सलाह मानने से पहले उसपर विचार करना चाहिए।*

77 चार सच्चे दोस्त

एक जंगल में चार अच्छे दोस्त साथ रहते थे। वे एक हिरण, एक चूहा, एक कछुआ और एक कौआ थे। हर दिन, वे एक झील के पास मिलते थे और साथ में समय बिताते थे। एक दिन, हिरण मिलने की जगह पर नहीं आया। कौआ परेशान हो गया और उसे ढूंढने के लिए जंगल में उड़ गया। जल्द ही, कौए ने कुछ भयानक देखा।

हिरण एक शिकारी के जाल में फंस गया था और बच नहीं पा रहा था। कौआ जल्दी से वापस उड़ गया और चूहे और कछुए को बताया। चूहा अपने दोस्त की मदद करने के लिए जितनी तेजी से भाग सकता था, भागा। कछुआ भी उनकी तरफ बढ़ने लगा, हालांकि वह धीमा था।

जब चूहा हिरण के पास पहुंचा, तो उसने अपने नुकीले दांतों से जाल को काटना शुरू कर दिया। कुछ देर बाद, जाल टूट गया और हिरण आजाद हो गया। तभी, शिकारी वापस आया। उसने कछुए को पास में देखा और जल्दी से उसे उठा लिया।

अब कछुआ मुश्किल में था। तीनों दोस्तों ने जल्दी से उसे बचाने की एक योजना बनायी। हिरण नदी के पास जमीन पर लेट गया और मरने का नाटक करने लगा।

जब शिकारी ने हिरण को शांत पड़ा देखा, तो उसने सोचा, "अरे वाह! मरा हुआ हिरण!" उसने कछुए को नीचे रखा और हिरण की तरफ चल दिया। जब शिकारी नजदीक आया, तब कौआ जोर से कॉव–कॉव करने लगा। हिरण उछलकर तेजी से भाग गया।

शिकारी ने मुड़कर देखा, लेकिन तब तक कछुआ नदी में जा चुका था। शिकारी के पास कुछ नहीं बचा था। चारों दोस्त फिर से एक साथ सुरक्षित और खुश थे।

नैतिक शिक्षाः *सच्चे दोस्त हमेशा एक–दूसरे की मदद करते हैं।*

78 चतुर खरगोश और शेर

एक जंगल में एक खूंखार शेर था। वह हर दिन जानवरों का शिकार करता और उन्हें मारता था। सभी जानवर बहुत डरे हुए थे। एक दिन, वे शेर के पास गए और बोले, "कृपया, इस तरह हमारा शिकार करना बंद करो। हम हर दिन तुम्हारे खाने के लिए एक जानवर तुम्हारे पास भेजेंगे। तुम्हें अब और शिकार करने की जरूरत नहीं है।"

शेर मान गया और बोला, "लेकिन याद रखना, अगर किसी दिन कोई नहीं आया, तो मैं तुम सबको मार डालूँगा।"

हर दिन, एक जानवर शेर की मांद में जाता था। एक दिन, एक छोटे खरगोश की बारी थी। खरगोश डर गया, लेकिन वह शेर के घर की ओर चलने लगा। रास्ते में उसे एक गहरा कुआँ दिखा। उसके दिमाग में एक विचार आया।

वह धीरे–धीरे चलता हुआ शाम को बहुत देर से शेर की मांद में पहुँचा। शेर बहुत गुस्से में था। वह जोर से दहाड़ा और बोला, "तुम इतनी देर से क्यों आए?"

खरगोश ने झुककर कहा, "मैं आपके पास आ रहा था, लेकिन दूसरे शेर ने मुझे रोक दिया। उसने कहा कि वह इस जंगल का असली राजा है।" शेर गुस्सा हो गया। "एक और शेर? वह कहाँ है?" वह चिल्लाया। खरगोश ने कहा, "वह एक कुएँ के अंदर छिपा है। मैं तुम्हें दिखा सकता हूँ।" खरगोश शेर को कुएँ के पास ले गया और अंदर की ओर इशारा किया। शेर ने कुएँ में देखा और पानी में अपनी परछाई देखी। उसे लगा कि यह दूसरा शेर है जो उसे घूर रहा है। शेर जोर से दहाड़ा। परछाई ने भी दहाड़ लगाई।

यह सोचकर कि यह उसका दुश्मन है, शेर लड़ने के लिए कुएँ में कूद गया। लेकिन वहाँ कोई दूसरा शेर नहीं था। शेर पानी में गिर गया और बाहर नहीं आ सका। चालाक खरगोश ने अपनी सोच से खुद को और दूसरे जानवरों को बचा लिया।

नैतिक शिक्षाः *बुद्धि ताकत से ज्यादा ताकतवर है।*

79 घोड़ा और अस्तबलवाला

एक अमीर आदमी के पास एक सुंदर घोड़ा था जिसे वह बहुत प्यार करता था। उसकी देखभाल के लिए उसने एक अस्तबलवाला रखा था।

हर दिन, अस्तबलवाला घोड़े को साफ करता था, उसके बालों में ब्रश करता था, और उसे साफ–सुथरा और चमकदार बनाता था। जो कोई भी घोड़े को देखता, उसे लगता कि उसकी अच्छी देखभाल की जाती है।

अमीर आदमी घोड़े के खाने के लिए अस्तबल में बहुत सारे अनाज रखता था। लेकिन अस्तबलवाला घोड़े को ठीक से नहीं खिलाता था। वह चुपके से खाना ले जाता और बाजार में बेचकर अपने लिए पैसे कमाता।

घोड़ा जानता था कि अस्तबलवाला धोखा दे रहा है। उसे यह झूठी देखभाल पसंद नहीं थी जिससे वह सिर्फ अच्छा दिखता था लेकिन भूखा रहता था।

एक दिन, घोड़े ने अपने मालिक से बात की और कहा,
"अगर आप सच में चाहते हैं कि मैं स्वस्थ और मजबूत रहूँ, तो कृपया मुझे सिर्फ साफ और ब्रश मत करो। मुझे अच्छा खाना दो। सही खाना ही मुझे मजबूत बनाता है।"

नैतिक शिक्षाः *अपने काम को ईमानदारी से करें।*

80 वफादार कुत्ता शेरू

शेरू एक वफादार कुत्ता था, जिसकी भौंकने की आवाज बहुत तेज होती थी। जब भी कोई गलत काम करने वाला उसकी आवाज सुनता, तो वे तुरंत दूर भाग जाते। वह अपने मालिक और परिवार का बहुत ख्याल रखता था। जब से वह छोटा पिल्ला था, तब से वे उससे प्यार करते थे और उसकी देखभाल करते थे।

हर रात, जब परिवार शांति से सोता था, शेरू जागता रहता था। वह घर की सावधानी से रखवाली करता था और अपनी अपने कार्य को कभी नजरअंदाज नहीं करता था। एक रात, उसने पिछवाड़े से एक हल्की आवाज सुनी। उसके कान सीधे खड़े हो गए। वह समझ गया कि कुछ ठीक नहीं है। बिना समय बर्बाद किए, शेरू जोर–जोर से भौंकने लगा।

तभी, उसने एक चोर को बाड़ फांदकर बगीचे में चढ़ते देखा।

चोर ने चौकन्ना कुत्ते को देखकर चिंता में पड़ गया। शेरू को चुप कराने के लिए, उसने उसकी ओर कुछ हड्डियाँ फेंकी।

लेकिन शेरू ने उन्हें छुआ तक नहीं। उसने हिम्मत से कहा, "तुम मुझे हड्डियों से बेवकूफ नहीं बना सकते। मैं तुम्हें अपने घर से चोरी नहीं करने दूँगा। मैं हमेशा अपने मालिक का सच्चा रहूँगा।" फिर, वह पहले से भी ज्यादा जोर से भौंका।

शोर से मालिक जाग गया। लोगों को आते सुनकर, चोर डर गया और तेजी से भाग गया। शेरू ने साबित कर दिया कि प्यार और वफादारी किसी भी लालच से ज्यादा ताकतवर हैं।

नैतिक शिक्षाः *हमेशा वफादार और ईमानदार बने रहें।*

81 घंटी का रहस्य

एक छोटे से गाँव में एक ऊँचा टावर था जिसके अंदर एक बड़ी घंटी लटकी हुई थी। हर दोपहर, घंटी जोर से बजती थी। एक दिन, एक चोर ने घंटी चुराने का फैसला किया। उसने उसे नीचे उतारा और पास के जंगल की ओर भाग गया। पेड़ों के बीच से गुजरते हुए, अचानक उसका सामना एक बाघ से हो गया। डरकर, उसने घंटी गिरा दी और जितनी तेजी से भाग सकता था, भाग गया। घंटी जंगल की जमीन पर पड़ी थी। पास में रहने वाले बंदरों के एक झुंड को वह मिल गई।

उन्हें उसकी बजने की आवाज पसंद आई। हर रात, वे उसके साथ खेलते थे और उसे बार–बार बजाते थे। गाँव वालों ने अंधेरे में घंटी बजने की आवाज सुनी और बहुत डर गए। उन्हें नहीं पता था कि रात में जंगल में कौन आवाज कर रहा है। आखिर में, एक बहादुर और चालाक औरत ने सच जानने का फैसला किया। वह कुछ ताजे फल लेकर जंगल में चली गई। वहाँ, उसने बंदरों को खुशी–खुशी उछलते–कूदते और घंटी बजाते देखा। उसने चुपचाप फलों को एक पेड़ के नीचे रख दिया और उसके पीछे छिप गई।

जब बंदरों ने फलों को देखा, तो वे उन्हें खाने के लिए दौड़ पड़े। जब बंदर खाने में व्यस्त थे, तो औरत ने जल्दी से घंटी उठाई और उसे वापस गाँव ले आई। गाँव वालों को राहत मिली और वे उस औरत के शुक्रगुजार थे। उन्होंने औरत की हिम्मत और अच्छे सोच की तारीफ की।

नैतिक शिक्षाः *सच जाने बिना डरो मत।*

82 भालू और लोमड़ी

एक दोपहर जंगल में, एक भालू और एक लोमड़ी हमेशा की तरह मिले। उन्हें साथ बैठकर अलग–अलग विषय पर बात करना पसंद था।

उस दिन, उनकी बातचीत इंसानों पर आ गई। भालू ने गर्व से कहा, "मैं इंसानों की बहुत तारीफ करता हूँ। मैं उनकी बहुत इज्जत करता हूँ।"

लोमड़ी ने शांति से जवाब दिया, "इंसान हमेशा दयालु नहीं होते। क्या तुम्हें वह शिकारी याद है जिसने जानवरों को बेवकूफ बनाने के लिए तेंदुए की खाल पहन ली थी?"

भालू ने सिर हिलाया और कहा, "मैं इंसानों से नहीं डरता। मैंने उनमें से बहुतों को देखा है। वे मुझसे भी नहीं डरते। कुछ तो मुझे अपना दोस्त भी मानते हैं।"

लोमड़ी बिना टोके सुनती रही। एक पल बाद, भालू ने कहा, "मैं इंसानों को कभी चोट नहीं पहुँचाता, तब भी नहीं जब वे मरे हुए पड़े हों।"

लोमड़ी ने हल्की–सी मुस्कान दी और कहा, "इज्जत दिखाना अच्छी बात है। लेकिन असली इज्जत तब दी जानी चाहिए जब कोई जिंदा हो, न कि मरने के बाद।"

यह सुनकर, भालू को एहसास हुआ कि लोमड़ी सही कह रही थी। वह इज्जत का असली मतलब समझ गया था।

नैतिक शिक्षाः *जीवित लोगों का सम्मान करना चाहिए।*

83 टूटा हुआ सींग

एक बकरी चराने वाला रोज अपनी बकरियों को चराने ले जाता था। वह उनके साथ बहुत स्नेह और प्यार से पेश आता था, और बकरियाँ भी उससे बहुत प्यार करती थीं।

एक दिन, बकरी चराने वाला बीमार पड़ गया और खेतों में नहीं जा सका। उसने अपने छोटे भाई से कहा, "कृपया आज मेरी बकरियों को पहाड़ी के पास चराने ले जाओ।"

भाई मान गया। जाने से पहले, बकरी चराने वाले ने कहा, "भूरी बकरी से सावधान रहना। वह अक्सर दूसरों से दूर भटक जाती है।" छोटा भाई बकरियों को खेत में घास खाते हुए देख रहा था। जब घर लौटने का समय हुआ, तो उसने उन्हें आवाज दी। सभी बकरियाँ वापस आ गईं भूरी वाली को छोड़कर। वह अभी भी खाने में व्यस्त थी और उसने सुना नहीं।

भाई नाराज हो गया। गुस्से में, उसने एक पत्थर उठाया और उस पर फेंका। पत्थर उसके सींग पर लगा और वह टूट गया।

चिंता में आकर, उसने बकरी से कहा, "कृपया मेरे भाई को मत बताना कि मैंने तुम्हें चोट पहुँचाई है।" भूरी बकरी ने शांति से जवाब दिया, "भले ही मैं कुछ न कहूँ, मेरा टूटा सींग बता देगा कि क्या हुआ था।"

नैतिक शिक्षाः *सच को छुपाया नहीं जा सकता है।*

84 सोने के अंडे देने वाली मुर्गी

एक गरीब आदमी के पास केवल एक मुर्गी थी। एक दिन, गरीब आदमी ने एक किसान को चावल के एक बैग के बदले मुर्गी को बेच दी।

जब किसान की पत्नी ने सुना कि उसके पति ने सिर्फ एक मुर्गी के बदले चावल का बैग दिया है, तो वह बहुत परेशान हो गई और उसे डांटा।

लेकिन अगली सुबह, कुछ कमाल का हुआ। मुर्गी ने एक चमकता हुआ सोने का अंडा दिया!

किसान और उसकी पत्नी हैरान और खुश हुए। हर दिन, मुर्गी एक सोने का अंडा देती थी। धीरे–धीरे, किसान बहुत अमीर हो गया।

लेकिन किसान की पत्नी लालची हो गई। वह हर दिन एक का इंतजार करने के बजाय एक ही बार में सारे सोने के अंडे चाहती थी।

एक दिन, जब किसान घर पर नहीं था, तो उसने एक बड़ा चाकू उठाया और मुर्गी को काट दिया, यह सोचकर कि उसे अंदर कई सोने के अंडे मिलेंगे।

लेकिन मुर्गी के शरीर में कोई अंडा नहीं था। जादुई मुर्गी मर गई, और फिर कभी सोने के अंडे नहीं मिले।

नैतिक शिक्षाः *लालच अच्छी चीजों को नष्ट कर देती है।*

85 चतुर लोमड़ी

एक बार, एक बहुत चालाक लोमड़ी जंगल में घूम रही थी, तभी उसने एक हिरणी को चुपचाप घास खाते देखा। वह उसे पकड़कर खाना चाहती थी, लेकिन वह जानती थी कि वह अकेले ऐसा नहीं कर सकती है। इसलिए, वह एक चूहे और एक तेंदुए के पास गयी और उनसे मदद मांगी। उन्होंने मिलकर एक योजना बनायी।

पहले, चूहा चुपचाप हिरणी के पास गया और उसके पैर पर काट दिया। हिरणी असमंजस में पड़ गई और डर गई। तभी, तेंदुआ आगे कूदा और उसे पकड़ लिया।

शिकार करने के बाद, लोमड़ी ने कहा, "नहाने से पहले खाना ठीक नहीं है। मैं पहले ही नहा चुकी हूँ। तुम दोनों नदी पर जाकर नहा आओ।"

चूहे और तेंदुए ने उसकी बात मान ली और नदी पर चले गए। जब तेंदुआ पहले लौटा, तो लोमड़ी ने कहा, "चूहा शेखी बघार रहा है कि हमने हिरणी को सिर्फ उसकी वजह से पकड़ा।" यह सुनकर तेंदुआ गुस्सा हो गया और बिना खाए चला गया।

बाद में, जब चूहा वापस आया, तो लोमड़ी ने कहा, "मुझे तेंदुए से लड़ना पड़ा और उसे भगाना पड़ा। वह वापस आकर तुम्हें चोट पहुँचा सकता है।" चूहा डर गया और तेजी से भाग गया। जब कोई नहीं बचा, तो चालाक लोमड़ी ने अकेले ही पूरा खाना खाया।

नैतिक शिक्षाः *धोखेबाज पर भरोसा नहीं करना चाहिए।*

86 चतुर मुर्गी और बिल्ली

एक किसान एक छोटे से खेत में रहता था जहाँ बहुत सारे जानवर थे। उनमें से एक पीली मुर्गी थी जो अपना दिन आँगन में घूमकर, दानों को चोंच मारकर और छोटे–छोटे कीड़ों को ढूंढते हुए बिताती थी।

एक दिन, मुर्गी अमरूद के पेड़ के नीचे अपने घोंसले में ही रही और बाहर नहीं निकली। जब किसान ने उसे बुलाया, तो उसने जवाब दिया, "मालिक, आज मेरी तबीयत ठीक नहीं है। मैं बाहर नहीं आ सकती।"

पड़ोस की बिल्ली ने यह सुन लिया और सोचा कि मुर्गी को पकड़ने का यह अच्छा मौका है। जैसे ही किसान चला गया, बिल्ली चुपचाप मुर्गी के घोंसले के पास गई और प्यार से बोली, "मेरे प्यारे दोस्त, मैंने सुना है कि तुम बीमार हो। क्या मैं तुम्हारी किसी तरह मदद कर सकती हूँ?"

लेकिन मुर्गी जानती थी कि बिल्ली पर भरोसा नहीं किया जा सकता। वह समझ गई कि उसकी मीठी बातें सिर्फ एक चाल है।

इसलिए उसने प्यार से जवाब दिया, "हाँ, अगर तुम सच में मदद करना चाहते हो, तो कृपया चले जाओ। मैं बीमार हूँ और आज किसी से नहीं मिल सकती।"

बिल्ली उसके हाजिर जवाब से हैरान रह गई। उसे पकड़ने का कोई मौका न मिलने पर, वह चुपचाप चली गई।

नैतिक शिक्षाः *किसी अजनबी पर आसानी से भरोसा नहीं करना चाहिए।*

87 धोबी और गधा

एक छोटे से गाँव में, एक धोबी अपने बेटे के साथ खुशी–खुशी रहता था। उनके पास एक गधा था और वे उसकी अच्छी देखभाल करते थे। एक दिन, उन्होंने पास के गाँव में एक मेले में जाने की योजना बनायी। वे अपने गधे के साथ–साथ चलने लगे।

जब वे सड़क पर चल रहे थे, तो दो औरतें वहाँ से गुजरीं। उनमें से एक ने कहा, "जब उनके पास गधा है तो वे पैदल क्यों चल रहे हैं? उन्हें उस पर सवारी करनी चाहिए!"

यह सुनकर, धोबी और उसके बेटे को लगा कि औरतें सही कह रही हैं। इसलिए, वे दोनों गधे पर चढ़ गए और अपना सफर जारी रखा। कुछ देर बाद, एक आदमी ने उन्हें देखा और कहा, "वह बेचारा गधा थका हुआ लग रहा है। तुम दोनों उस पर क्यों बैठे हो? यह अच्छा नहीं है।" शर्मिंदा होकर, धोबी और उसका बेटा जल्दी से नीचे उतर गए।

फिर उन्होंने एक अजीब फैसला किया। उन्होंने गधे के पैर एक साथ बाँध दिए और उसे अपने कंधों पर उठाकर ले गए। सड़क पर लोग यह अजीब नजारा देखकर हँसने लगे। जब वे एक नदी पर बने पुल पर पहुँचे, तो धोबी का संतुलन बिगड़ गया। वह फिसल गया और पानी में गिर गया। उसका बेटा और गधा भी नीचे गिर गए।

आखिर में, धोबी और उसके बेटे को अपनी गलती का एहसास हुआ। सबकी राय को संतुष्ट करने की कोशिश में, उन्होंने सिर्फ अपने लिए मुसीबत खड़ी कर ली थी।

नैतिक शिक्षाः *हर किसी को खुश करने की कोशिश मत करो।*

88 लोहार और उसका कुत्ता

एक शहर में, एक लोहार एक छोटे से घर में रहता था। उसने एक कुत्ता भी पाल रखा था। हर दिन, कई ग्राहक उसके पास टूटे–फूटे औजार और धातु की चीजें लेकर आते थे। लोहार सुबह से शाम तक काम करता था, अपने भारी हथौड़े से लोहे पर चोट करता था।

जोर की खन–खन की आवाज कमरे में भर जाती थी। लेकिन उसका कुत्ता बहुत आलसी था। वह पूरे दिन एक कोने में चुपचाप सोता रहता था। शोर मचाने वाला हथौड़ा भी उसे जगा नहीं पाता था। हालाँकि, हर रात कुछ दिलचस्प होता था।

जब लोहार अपना काम खत्म करके खाना खाने बैठता, तो कुत्ते ने अचानक अपनी आँखें खोलीं। वह तुरंत उछलकर अपने मालिक के पास दौड़ा, खुशी से अपनी पूंछ हिलाता हुआ।

कुत्ता प्लेट के पास बैठकर खाने को घूरता रहता। जब तक लोहार उसे कुछ खाना न दे दे, वह हिलने से मना करता था। एक शाम, लोहार नाराज हो गया और बोला, "अरे नींद वाले दोस्त! जोर की हथौड़ी से तुम्हारी नींद में कोई खलल नहीं पड़ता। लेकिन जैसे ही मैं खाना शुरू करता हूँ, तुम जल्दी से जाग जाते हो!" लोहार को एहसास हुआ कि कुत्ते को काम या शोर से कोई परेशानी नहीं है। उसे सिर्फ खाना पाने की परवाह थी।

नैतिक शिक्षाः *हर किसी को अपना कर्तव्य निभाना चाहिए।*

89 सुनहरे हंस

बहुत पहले की बात है, एक राजा था जो एक बड़े महल में रहता था। उसके महल के पास एक बड़ी झील थी, जिसके चारों ओर फूलों और पेड़ों से भरा एक प्यारा बगीचा था। उस झील में बहुत सारे सुनहरे हंस रहते थे। हर दिन, हंस कुछ सुनहरे पंख गिराते थे। हर सुबह, राजा बगीचे में घूमता और खुशी-खुशी उन चमकदार पंखों को इकट्ठा करता। उसे हंस बहुत पसंद थे। एक दिन, एक छोटी और सुंदर चिड़िया बगीचे में उड़कर आई।

वह धीरे से राजा के कंधे पर बैठ गई और बहुत प्यारा गाना गाने लगी। राजा उसकी प्यारी आवाज से बहुत खुश हुआ। "छोटी चिड़िया," उसने प्यार से कहा, "तुम्हारा गाना बहुत बढ़िया है। कृपया हमेशा मेरे साथ यहीं रहो।" लेकिन जब चिड़िया ने सुनहरे हंसों को देखा तो उसे जलन हुई। उसे यह पसंद नहीं आया कि राजा उनकी इतनी परवाह करता है। इसलिए, उसने राजा को एक झूठी कहानी सुनाई। उसने कहा, "महाराज, ये हंस मुझे यहाँ नहीं देखना चाहते। अगर मैं रुकी तो वे मुझे नुकसान पहुँचाने की सोचेंगे। "राजा ने हंसों से पूछे बिना चिड़िया की बात पर यकीन कर लिया।

वह गुस्सा हो गया और उसने अपने सिपाहियों को उन्हें भगाकर मार डालने का आदेश दिया। जब हंसों ने सिपाहियों को झील की तरफ आते देखा, तो उन्होंने जल्दी से अपने पंख फैलाए और आसमान में ऊंची उड़ान भरी। जाते हुए, वे चिल्लाए, "हे राजा, आपने किसी ऐसे इंसान पर भरोसा किया जिसे आप नहीं जानते थे और हम पर शक किया। अलविदा!" जल्द ही, बगीचा शांत और खाली हो गया। सुनहरे हंस हमेशा के लिए चले गए। तब राजा को एहसास हुआ कि उसने बहुत बड़ी गलती की है। उसे अफसोस हुआ, लेकिन बहुत देर हो चुकी थी। हंस कभी वापस नहीं आए।

नैतिक शिक्षाः *सच जाने बिना दूसरों की बात पर विश्वास नहीं करना चाहिए।*

90 ब्राह्मण और बकरी

बहुत समय पहले, एक छोटे से गाँव में एक ब्राह्मण रहता था। वह लोगों के लिए पूजा-पाठ और धार्मिक कार्य करके अपना गुजारा करता था। एक दिन, एक अमीर व्यापारी उसकी पूजा-पाठ से बहुत खुश हुआ और उसे इनाम देने को सोचा। व्यापारी ने उसे एक सेहतमंद बकरी तोहफे में दी।

ब्राह्मण ने उसे धन्यवाद दिया, बकरी को अपने कंधों पर उठाया और अपने घर वापस जाने लगा।

जब वह सड़क पर चल रहा था, तो दो चालाक चोरों ने उसे बकरी ले जाते हुए देखा। वे उसे हड़पना चाहते थे, इसलिए उन्होंने एक चालाकी भरी तरकीब सोची। उन्होंने ब्राह्मण को कन्फ्यूज करने को सोचा। हर कोई रास्ते में अलग-अलग जगह छिप गया। जब ब्राह्मण सड़क के एक सुनसान हिस्से पर पहुँचा, तो पहला चोर बाहर निकला और हैरानी से बोला, "साहब, आप अपने कंधों पर कुत्ता क्यों ले जा रहे हैं?"

ब्राह्मण ने मुँह बनाया। "यह कुत्ता नहीं है। यह बकरी है!" उसने गुस्से से कहा। फिर वह चलता रहा।

थोड़ा आगे, दूसरा चोर आया और बोला, "अरे! तुम गधे को ऐसे क्यों ले जा रहे हो?"

अब ब्राह्मण परेशान हो गया। दो अलग-अलग लोगों ने अजीब बातें कही थीं। उसे खुद पर शक होने लगा।

"क्या यह सच में बकरी हो सकती है? या यह कोई जादुई जीव है जो अपना रूप बदल रहा है?" उसने डरते हुए सोचा। डर और कंफ्यूजन में, उसने जल्दी से बकरी को सड़क पर गिरा दिया और जितनी तेजी से भाग सकता था, भाग गया। दोनों चोर हंसते हुए बाहर आए, बकरी को उठाया और खुशी-खुशी उसे ले गए।

नैतिक शिक्षाः *दूसरों पर विश्वास करने से पहले अपने दिमाग का इस्तेमाल करें।*

91 चतुर सियार

एक बार जंगल में एक सियार को एक मरा हुआ हाथी मिला। वह खुद को बहुत भाग्यशाली समझ रहा था और उसने सोचा, "अब मेरे पास खूब खाना होगा!" लेकिन एक समस्या थी। हाथी की चमड़ी बहुत मोटी थी। सियार ने बार–बार कोशिश की, लेकिन वह उसे फाड़ नहीं पाया।

थोड़ी देर बाद, एक शेर उसी तरफ चलता हुआ आया। सियार ने जल्दी से झुककर कहा, "महाराज, मैं आपके लिए इस हाथी पर नजर रख रहा था।" शेर ने गर्व से जवाब दिया, "मैं किसी और के मारे हुए जानवर नहीं खाता। आप इसे खा सकते हैं।"

फिर वह चला गया। सियार खुश था, लेकिन उसे अभी भी सख्त चमड़ी खोलने के लिए मदद की जरूरत थी। जल्द ही, एक तेंदुआ आ गया। चालाक सियार ने कहा, "शेर राजा ने इस हाथी को मार दिया है और अपने परिवार को बुलाने गया है। अगर तुम चाहो, तो उसके लौटने से पहले थोड़ा खा सकते हो।" तेंदुआ घबरा गया। "अगर शेर वापस आया और मुझे देख लिया तो?" उसने पूछा। "चिंता मत करो," सियार ने कहा। "अगर मैंने उसे आते देखा तो मैं तुम्हें बता दूँगा।" तेंदुए ने उस पर भरोसा किया और हाथी की चमड़ी फाड़ने लगा। वह उसे चीरकर मांस खाने लगा। तभी सियार जोर से चिल्लाया, "शेर वापस आ रहा है!" डरा हुआ तेंदुआ बिना पीछे देखे तुरंत भाग गया। अब जब हाथी की चमड़ी खुल गई थी, तो सियार खुशी–खुशी बैठ गया और अकेले ही भोजन का मजा लेने लगा।

नैतिक शिक्षाः *किसी पर भरोसा करने से पहले सोचें।*

92 दो सिर वाला पक्षी

एक घने जंगल में एक बहुत ही अजीब चिड़िया रहती थी। उसके दो सिर थे लेकिन सिर्फ एक शरीर और एक पेट था। एक दिन, चिड़िया को एक झील के पास एक चमकता हुआ सुनहरा फल मिला। बाएँ सिर ने जल्दी से उसे खाना शुरू कर दिया। दाएँ सिर ने फल को देखा और कहा, "यह बहुत मीठा लग रहा है। कृपया थोड़ा मेरे साथ भी बाँट लो।" लेकिन बाएँ सिर ने गर्व से जवाब दिया, "हम दोनों का पेट एक ही है।

इससे कोई फर्क नहीं पड़ता कि इसे कौन खाता है। मुझे यह फल मिला है, इसलिए मैं इसे अकेले ही खाऊँगी।" दाएँ सिर को गुस्सा आया लेकिन वह चुप रही। कुछ दिनों बाद, दाएँ सिर को चमकीले दिखने वाले फलों वाला एक पेड़ मिला। उसने खुशी से कहा, "यह फल बहुत स्वादिष्ट लग रहा है!"

बाएँ सिर को चिंता हुई और उसने चेतावनी दी, "इसे मत खाओ! यह जहरीला है। अगर तुमने इसे खाया, तो हम दोनों को तकलीफ होगी क्योंकि हमारा शरीर एक ही है।"

लेकिन दाएँ सिर ने जिद करके जवाब दिया, "मुझे यह फल मिला है, इसलिए मुझे इसे खाने का हक है।" बाएँ सिर ने बार–बार गुजारिश की, लेकिन दाएँ सिर ने एक नहीं सुनी। गुस्से में उसने जहरीला फल खा लिया। जल्द ही, जहर उनके एक ही शरीर में फैल गया, क्योंकि उनका पेट एक ही था, इसलिए दोनों के सिर मर गए।

नैतिक शिक्षाः *झगड़े मुसीबत लाते हैं।*

मेमना और भेड़िया

एक पहाड़ी के पास एक चरवाहा रहता था और बहुत सारी भेड़ें पालता था। उनमें एक छोटा मेमना भी था। एक दिन, चरते समय, छोटा मेमना बहुत दूर चला गया और रास्ता भटक गया। अनजाने में, वह जंगल में चला गया।

एक लोमड़ी ने उसे देखा और उसके पीछे दौड़ी, लेकिन मेमना तेजी से भागा और बच निकला। इसके तुरंत बाद, एक सियार ने भी उसे पकड़ने की कोशिश की, लेकिन मेमना फिर से भागने में कामयाब रहा।

फिर उसे एक भेड़िया मिला। भेड़िये ने धीरे से कहा, "चिंता मत करो, छोटे। मैं तुम्हें कहीं सुरक्षित जगह ले जाऊंगा।"

उस पर भरोसा करके, मेमना भेड़िये के पीछे चला गया। भेड़िया उसे एक मंदिर तक ले गया और कहा, "जब तक मैं वापस न आऊं, चुपचाप यहीं रहो।" मेमना अंदर जाकर छिप गया।

कुछ देर बाद, भेड़िया वापस आया। अब, वह मेमने को खाना चाहता था। उसने आवाज दी, "बाहर आओ, छोटे मेमने। अगर तुम अंदर रहे, तो पुजारी तुम्हें ढूंढ लेंगे और तुम्हें नुकसान पहुंचाएंगे।" लेकिन मेमने ने बहादुरी से जवाब दिया, "मैं तुम्हारे द्वारा खाए जाने के बजाय यहीं रहकर खतरे का सामना करना पसंद करूंगा।"

नैतिक शिक्षा: ***बुरे लोगों पर भरोसा मत करो।***

लोमड़ी और शेर

एक दिन, एक लोमड़ी घनी झाड़ियों के पास घूम रही थी। अचानक, उसने एक बहुत बड़ा जानवर देखा जिसके सिर के चारों ओर घनी अयाल थी।

जब जानवर ने जोर से दहाड़ा, तो लोमड़ी डर गई। उसे इतना डर लगा कि वह जितनी तेजी से भाग सकती थी, भाग गयी। रास्ते में, उसे एक गिलहरी मिली और उसने उसे उस डरावने जीव के बारे में बतायी। गिलहरी हँसी और बोली, "वह हमारा राजा है – शेर।"

कुछ दिनों बाद, लोमड़ी ने शेर को फिर से देखा। इस बार, वह भागा नहीं। वह एक सुरक्षित दूरी पर रहा, थोड़ी देर शेर को देखा, और फिर चुपचाप चला गया।

तीसरी बार जब वे मिले, तो लोमड़ी अब डरी नहीं थी। वह प्यार से पास गई और कहा, "गुड मॉर्निंग, महाराज।" शेर ने उसे प्यार से मुस्कुराया।

उसके बाद, लोमड़ी शेर से कई बार और मिली। उसने उससे बात भी की और अब उसे डर नहीं लगता था। शेर उसे जाना-पहचाना लगने लगा था।

नैतिक शिक्षा: ***आत्मविश्वास हमें बहादुर बनाता है।***

95 लोमड़ी और कौआ

एक सुबह, एक भूखा कौआ रसोईघर की खिड़की पर बैठा था। अंदर एक औरत रोटी बना रही थी। थोड़ी देर बाद, औरत एक पल के लिए दूर चली गई। कौआ तेजी से, अपनी चोंच में रोटी का एक टुकड़ा पकड़ा और तेजी से उड़ गया और एक ऊँचे पेड़ की डाल पर बैठ गया। तभी, एक लोमड़ी वहाँ से गुजरी। उसने ऊपर देखा और कौए को रोटी के साथ देखा। उसे रोटी चाहिए थी, इसलिए उसने एक योजना सोची।

कौए की तरफ देखकर, लोमड़ी ने प्यार से कहा, "गुड मॉर्निंग, प्यारे कौए!"

लेकिन कौआ चुप रहा।

लोमड़ी मुस्कुराई और बोली, "आज तुम बहुत प्यारे लग रहे हो। तुम्हारे पंख बहुत अच्छे चमक रहे हैं।" कौआ फिर भी नहीं बोला।

फिर लोमड़ी ने धीमी और मीठी आवाज में कहा, "ओ चिड़ियों के राजा, मैंने सुना है तुम्हारी आवाज बहुत मीठी है। कृपया मेरे लिए एक गाना गाओ।"

ऐसी अच्छी बातें सुनकर कौए को बहुत गर्व हुआ। वह अपनी आवाज दिखाना चाहता था। जैसे ही उसने गाने के लिए अपना चोंच खोला, रोटी फिसलकर जमीन पर गिर गया। लोमड़ी ने जल्दी से रोटी पकड़ा और खुशी–खुशी भाग गई।

नैतिक शिक्षाः मीठे शब्दों से सावधान रहें।

96 राजकुमार और साधु

बहुत पहले की बात है, एक समझदार और नेक राजा रहता था। वह अपने राज्य पर अच्छे से राज करता था और अपनी प्रजा का ख्याल रखता था। लेकिन उसका बेटा, राजकुमार, उसके जैसा नहीं था। राजकुमार दूसरों से सख्ती से बात करता था और बहुत बुरा बर्ताव करता था। एक दिन, एक साधु महल में घूमने आए। राजा ने उनका नम्रभाव से स्वागत किया और महल के पास उनके रहने के लिए एक छोटी सी, शांत जगह का इंतजाम किया।

राजा को अपने बेटे के बर्ताव की चिंता होने लगी। इसलिए, एक दिन, वह साधु के पास गया और कहा, "मेरा बेटा न तो अच्छा है और न ही अच्छा बर्ताव करता है। कृपया उसे रास्ता दिखाएँ ताकि वह एक अच्छा राजा बन सके।" साधु मान गए और राजकुमार को शाही बगीचे में घुमाने ले गए। उन्होंने एक छोटे हरे पौधे की ओर इशारा करते हुए कहा, "एक पत्ता तोड़ो और उसे चखो।" राजकुमार ने वैसा ही किया जैसा उसे बताया गया था। जैसे ही उसने पत्ता चखा, उसने मुँह बनाया और उसे थूक दिया। "इसका स्वाद बहुत बुरा है!" उसने कहा। "अगर यह पौधा बड़ा हुआ, तो यह पक्का नुकसानदायक हो जाएगा।" बिना सोचे–समझे, राजकुमार ने पौधे को जमीन से उखाड़कर फेंक दिया।

ऋषि ने धीरे से मुस्कुराते हुए कहा, "इस कड़वे पौधे की तरह, अगर तुम्हारा व्यवहार कठोर है तो लोग तुम्हें पसंद नहीं करेंगे। लेकिन अगर तुम दयालु और विनम्र हो, तो हर कोई तुम्हारा सम्मान करेगा और तुमसे प्यार करेगा।" राजकुमार ऋषि की बातों का मतलब समझ गया। उसने उन्हें धन्यवाद दिया और खुद को बेहतर बनाने का वादा किया। उस दिन से, वह दूसरों के प्रति विनम्र और मदद करने वाला बन गया।

नैतिक शिक्षाः अच्छे व्यवहार से इंसान अच्छा बनता है।

97 खरगोश और साधु

बहुत पहले, एक जंगल में एक नेक खरगोश रहता था। वह बहुत दयालु था और हर दिन भगवान से प्रार्थना करता था। वह हमेशा दूसरों की मदद करने और अच्छे काम करने की कोशिश करता था। एक दिन, एक खास पवित्र त्योहार आया। इस दिन, लोग उपवास रखते थे और मेहमानों को खाना खिलाते थे।

खरगोश भी इस परंपरा को मानना चाहता था। लेकिन उसके पास देने के लिए कुछ नहीं था। उसने हर जगह ढूंढा लेकिन उसे देने के लिए कोई खाना नहीं मिला।

बहुत सोचने के बाद, खरगोश ने खुद से कहा, "अगर मेरे पास और कुछ नहीं हुआ, तो मैं खुद को खाने के लिए चढ़ा दूंगा।"

अपना वादा निभाने के लिए, उसने आग जलाई। भगवान ने खरगोश का नेक दिल देखा और उसे परखना चाहते थे। इसलिए, भगवान एक भूखे साधु के रूप में खरगोश के पास आए।

साधु ने कहा, "मेरे बच्चे, मुझे बहुत भूख लगी है। क्या तुम्हारे पास मुझे देने के लिए कुछ है?" खरगोश ने प्यार से जवाब दिया, "हाँ, कृपया मुझे अपने खाने के रूप में स्वीकार करें।" बिना डरे, बहादुर खरगोश आग में कूद गया। भगवान उसके बलिदान से बहुत खुश हुए। उन्होंने जल्दी से खरगोश को बचाया और उसे वापस जिंदा कर दिया। फिर भगवान ने उसे आशीर्वाद दिया और कहा, "तुम्हारी दयालुता कभी नहीं भूली जाएगी। तुम हमेशा आसमान में चमकते रहोगे।" और उस दिन से, लोग कहते हैं कि तुम चाँद पर खरगोश का आकार देख सकते हो।

नैतिक शिक्षाः *हमेशा दूसरों की मदद करें।*

98 बंदर और शिकारी

एक जंगल में हनु नाम का एक बंदर रहता था। वह अपने बूढ़े माता–पिता के साथ एक बरगद के पेड़ पर रहता था। हनु बहुत प्यार करने वाला बेटा था और हमेशा उनका ख्याल रखता था। उसकी माँ देख नहीं सकती थी, इसलिए हनु उसे कभी अकेला नहीं छोड़ता था।

वह उसकी हर जरूरत में मदद करने के लिए उसके पास ही रहता था। वे शांति और खुशी से साथ रहते थे। एक दिन, एक शिकारी जंगल में आया। उसने हनु की अंधी माँ को देखा और उसे मारने का फैसला किया। हनु जल्दी से पेड़ से नीचे कूद गया और गिड़गिड़ाया, "कृपया मेरी माँ को नुकसान मत पहुँचाओ। अगर तुम्हें किसी को मारना ही है, तो मेरी जान ले लो।" लेकिन शिकारी का दिल बहुत बेरहम था। वह हँसा और बोला, "मूर्ख बंदर! मैं तुम दोनों को मार डालूँगा।" बिना रहम के, शिकारी ने हनु और उसकी माँ को गोली मार दी। बाद में, जब शिकारी घर लौटा, तो उसने देखा कि उसकी झोपड़ी जलकर राख हो गई थी।

उसके पड़ोसी ने उससे कहा, "तुम्हारे घर पर बिजली गिर गई। सब कुछ जल गया, और तुम्हारा परिवार नहीं बच सका।" शिकारी समझ गया कि उसके बेरहम कामों ने उसे बहुत दुख पहुँचाया है।

नैतिक शिक्षाः *बुरे कामों का बुरा नतीजा होता है।*

बुद्ध में आस्था

बहुत पहले की बात है, बुद्ध का एक शिष्य पास के गाँव से घूमकर मठ की ओर लौट रहा था। शाम हो रही थी और आसमान में अंधेरा छा रहा था।

रास्ते में, वह एक चौड़ी नदी के पास पहुँचा। नदी पार करने के लिए कोई नाव नहीं थी, और पानी गहरा लग रहा था। उसे समझ नहीं आ रहा था कि क्या करे। उसने हाथ जोड़कर प्रार्थना की, "हे बुद्ध, मुझे आप पर पूरा भरोसा है। कृपया मुझे रास्ता दिखाएँ और मुझे सुरक्षित रखें।"

विश्वास के साथ, वह धीरे–धीरे नदी में उतरा। वह बुद्ध के बारे में सोचता रहा और शांति से आगे बढ़ता रहा। बिना ध्यान दिए, वह पानी में और गहरा होता गया जब तक कि वह नदी के बीच में नहीं पहुँच गया।

अचानक, उसने चारों ओर देखा और उसे डर लगा। पानी उसकी गर्दन तक आ गया था।

उसने जल्दी से फिर प्रार्थना की, "हे बुद्ध, मैं आपका शिष्य हूँ। मुझे पता है कि मैं सुरक्षित हूँ क्योंकि आप मेरे साथ हैं।"

फिर से हिम्मत करके, वह मजबूत विश्वास के साथ आगे बढ़ा। एक–एक कदम, उसने सुरक्षित रूप से नदी पार कर ली।

जब वह आखिरकार मठ पहुँचा, तो उसने देखा बुद्ध दरवाजे पर खड़े थे, उसे देखकर धीरे से मुस्कुरा रहे थे।

नैतिक शिक्षाः विश्वास हमें साहस देता है।

शेर और बाघ के बीच बहस

पहाड़ों के ऊपर एक शेर और एक बाघ रहते थे। वे पक्के दोस्त थे और साथ में बहुत समय बिताते थे। उनसे ज़्यादा दूर नहीं, एक साधु एक गुफा में चुपचाप रहता था। शेर और बाघ अक्सर उससे समझदारी की बातें सीखने और सलाह लेने के लिए मिलने आते थे।

एक दिन, दोनों दोस्त इस बात पर बहस करने लगे कि मौसम ठंडा क्यों लगता है?

शेर ने कहा, "जब चाँद बड़ा होता है तो ठंड लगती है।" बाघ सहमत नहीं हुआ और बोला, "नहीं, जब चाँद छोटा होता है तो ठंड लगती है।" वे बहुत देर तक बहस करते रहे लेकिन तय नहीं कर पाए कि कौन सही है।

इसलिए, वे साधु के पास गए और उनसे अपना झगड़ा सुलझाने को कहा। साधु ने सब्र से सुना और मुस्कुराया। फिर उसने कहा, "तुम दोनों कुछ हद तक सही हो। दोनों समय ठंड लग सकती है। लेकिन ठंड का असली कारण हवा है, जो अलग–अलग दिशाओं से चलती है।"

फिर उसने धीरे से कहा, "मौसम बार–बार बदलता है, लेकिन सच्ची दोस्ती वैसी ही रहनी चाहिए। छोटी–छोटी बातों पर मत लड़ो। साथ में खुशी–खुशी रहो और अच्छे दोस्त बने रहो।"

शेर और बाघ उनकी समझदारी भरी बातें समझ गए। उन्होंने बहस करना बंद कर दिया और एक बार फिर खुश होकर साथ–साथ घर चले गए।

नैतिक शिक्षाः दोस्तों से झगड़ा मत करो।

लोमड़ी और गधा

एक घने जंगल में बहुत सारे जानवर शांति से रहते थे। शेर उनका राजा था। लेकिन जैसे–जैसे वह बूढ़ा और कमजोर होता गया, वह अब खाने के लिए शिकार नहीं कर पाता था।

अपनी मदद के लिए, शेर ने एक लोमड़ी को अपना सहायक बनाया और उसे अपने खाने के लिए जानवर लाने का आदेश दिया।

एक दिन, लोमड़ी जंगल के पास घूमते हुए एक गधे से मिली। लोमड़ी ने प्यारी सी मुस्कान के साथ कहा, "हमारा शेर राजा तुम्हें अपना खास सलाहकार बनाना चाहता है।"

पहले तो गधे को यकीन नहीं हुआ। लेकिन लोमड़ी ने उसे मनाने के लिए अच्छी बातों और चालाकी भरी बातों का इस्तेमाल किया। लोमड़ी गधे को शेर की गुफा तक ले गई। जैसे ही गधे ने शेर को देखा, वह डर गया और जितनी तेजी से भाग सकता था, भाग गया।

शेर गुस्से से दहाड़ा और लोमड़ी से कहा, "अगर तुम उस गधे को वापस नहीं लाए, तो मैं तुम्हें सजा दूँगा!"

लोमड़ी गधे के पीछे भागी और उसे डर से काँपते हुए पाया। उसने धीरे से कहा, "राजा तुम्हें कोई नुकसान नहीं पहुँचाने वाले थे। वह बस तुम्हें देखकर खुश थे। कृपया इतना बढ़िया मौका मत छोड़ना।" बेवकूफ गधे ने एक बार फिर उस पर यकीन किया और उसके पीछे गुफा तक वापस चला गया।

इस बार, शेर ने मौका नहीं गंवाया। वह गधे पर झपटा और उसे मार डाला।

इसके बाद, लोमड़ी ने कहा, "महाराज, आपको खाने से पहले नहाना चाहिए।" शेर मान गया और नहाने चला गया। जब शेर दूर था, तो भूखी लोमड़ी चुपके से गधे का दिमाग खा गई। जब शेर वापस आया, तो उसने पूछा, "गधे का दिमाग कहाँ है?"

लोमड़ी ने तुरंत जवाब दिया, "गधे के पास दिमाग नहीं था। अगर होता, तो क्या वह दूसरी बार यहाँ वापस आता?" शेर ने लोमड़ी की बात पर यकीन कर लिया।

नैतिक शिक्षाः ***सीधे लोग आसानी से मूर्ख बन जाते हैं।***